AF536233

Nelli Bangert & Mira Weiss

Krea.tief beten

NELLI BANGERT / MIRA WEISS

KREA.TIEF beten

Inspirationen für Herzensbegegnungen mit Gott

Über die Autorin

Ich bin Nelli. Wenn ich auf meine letzten Jahre zurückschaue, bin ich mega dankbar und glücklich. Da sehe ich so viele Segensblumen, die ich auf meinem Weg mit Jesus pflücken durfte. So viel, worauf ich mir nichts einbilden und wofür ich einfach nur Danke sagen kann. Durch ihn bin ich, die ich bin, und durch ihn werde ich immer mehr zu der Frau, die ich eigentlich sein soll. Die weiß, dass sie zutiefst geliebt, begabt und berufen ist. Die Frau, die weiß, was sie kann, und auch, was sie nicht kann. Aber auch die Frau, die nicht mehr alles im Griff haben muss. Sondern lernt, immer diesen einen Schritt hinein ins Vertrauen zu wagen. Die lernt, dass Gnade alles „Noch-nicht" auffüllt. Die lernt, dass es echtes Glück, echte Zufriedenheit und echte Freiheit nur bei Gott gibt.

Als selbstständige Kreative kann ich machen, was ich will – und ich will einiges. :-) Ich liebe es, durch geschriebene und gesprochene Worte Mädchen und Frauen zu ermutigen, Gott vertrauensvoll und kompromisslos nachzufolgen. Dafür schreibe ich Bücher, Hörspiele und Artikel für Magazine, spreche auf Mädchen- und Frauenevents, veranstalte Berufungs-Workshops und vieles mehr. Auch ist es für mich eine ganz besondere Ehre, wenn ich mit einzelnen Frauen persönlich sprechen kann und wir gemeinsam beten können. Ich weiß, dass echte Ermutigung nur Gott schenken kann. Daher ist es so gut, gemeinsam vor Gottes Thron zu kommen.

Neben all diesen Herzensprojekten liebe ich guten Kaffee und Käsekuchen, schöne Zeiten mit Freunden, die Natur, Urlaube, Musik, inspirierende Bücher, gute Gespräche, Lachanfälle, Sonnenuntergänge, Jahreszeiten, das Gebet in allen Varianten.

Mit meinem geliebten Mann und Weggefährten Christian lebe ich in Linsengericht. Christian ist ein echtes Gottesgeschenk für mich, der auf spektakuläre Weise plötzlich Teil meines Lebens wurde. Gemeinsam leiten wir in Gelnhausen einen Jugendkreis. Es ist für uns eine ganz besondere Ehre, gemeinsam als Paar in Jugendliche investieren zu dürfen.

Jetzt freue ich mich auf jeden Fall mega, dass du unser Buch in deinen Händen hältst. Ich wünsche dir, dass du durch „krea.tief beten" viele echte Herzensbegegnungen mit Gott hast und deine Beziehung zu ihm vertrauensvoller wird.

Nelli Bangert

Über die Illustratorin

Ich bin Mira und ich liebe es, meine Gedanken kreativ und gleichzeitig strukturiert aufzuschreiben. Wenn mein Kopf voll ist oder auch leer, wenn ich so richtig glücklich bin oder wenn ich nicht mehr weiß, wo vorne und hinten ist. Wenn ich inspiriert bin oder wenn ich tränenüberströmt auf meinem Bett sitze. So oft hilft es mir, alles aufzuschreiben und mit Gott zu teilen. Dabei bin ich überhaupt keine Lange-Texte-Schreiberin – in meinem Leben entstehen hauptsächlich Listen, Stichpunkte oder Mind-Maps. Alles eher mit weniger Worten und dafür mit mehr Kritzeleien und Blumenkränzchen.

Im Sommer 2017 habe ich die Instagramseite *herzstärkend* ins Leben gerufen und angefangen, die Art, wie ich meine Gedanken sortiere, Gebete aufschreibe oder die Bibel lese, auf Instagram zu teilen. Im Herbst 2018 hat Nelli mich dann angeschrieben, ob ich nicht Lust hätte, ein kreatives Gebetsbuch mit ihr zu entwickeln. Ich habe mich riesig gefreut, weil ich von so etwas definitiv schon länger geträumt habe. Mir hat mein chaotisches Notizbuch schon so oft geholfen, Gott zu begegnen und einen klaren Kopf zu bekommen – wie schön wäre es, wenn das andere inspirieren könnte?

Neben *herzstärkend* studiere ich gerade übrigens „Political and Social Studies" in Würzburg. Ich bin 23 Jahre alt, liebe Kaffee und Käsekuchen, schlafe meistens bei Filmen ein und vergesse fast immer irgendetwas, wenn ich aus dem Haus gehe. Ich liebe es, wenn es im Sommer abends nicht kalt wird, und könnte mich stundenlang mit kreativen Dingen beschäftigen.

Der Gedanke, dass du dieses Buch jetzt in den Händen hast, ist für mich absolut verrückt, und ich bin gespannt, was du damit alles erleben wirst. Ich wünsche mir so, dass du Gott mit diesem Buch ganz neu begegnest. Ich wünsche mir, dass du dir Zeit nimmst. Zeit für dich und für Gott. Und ich wünsche mir, dass dieses Buch dein Herz ein bisschen stärker macht.

Mira Weiss

Vorwort

Wie schön, dass du dieses Buch nun in den Händen hältst! Damit fängt deine persönliche Reise mit „krea.tief beten“ an, doch Miras und meine Reise damit begann schon viel früher. Zuerst war da die Idee, die an einem ganz gewöhnlichen Tag entstand und plötzlich immer wieder in meinen Kopf kam: ein Buch über Gebet. Nicht, weil ich, Nelli, selbst so eine beeindruckende tolle Beterin wäre, sondern vielmehr, weil ich eine ganz tiefe Sehnsucht und Neugierde in mir gespürt habe, noch mehr von Gott zu erfahren und ihm noch intensiver zu begegnen.

Ich ahnte, dass durch Gebet so viel mehr Gotteserfahrungen drin sind, als ich es bisher für möglich erachtete. Ich ahnte, dass die Welt des Gebets groß und weit ist, mit vielen ganz unterschiedlichen Räumen, in denen Gott mir und ich ihm begegnen kann. Im Gebet ist Raum zum Reden, zum Klagen, zum Schweigen, zum Lobpreisen. Mir wurde zunehmend bewusst, dass alles in meinem Leben einen Raum im Gebet finden kann. Nichts ist zu klein oder zu groß. Kein Gefühl, keinen Gedanken, kein Bedürfnis, keinen Wunsch muss ich im Gebet verstecken. Nichts! Alles darf ich vor Gott bringen und in jedem Moment meines Lebens will er sich mir nähern. Ganz neu fasziniert von diesem Thema, machte ich mich auf eine Entdeckungsreise durch die Welt des Gebets.

Heute, einige Monate später, bin ich so dankbar für die vielen unterschiedlichen Momente, die mir in dieser großen Welt geschenkt wurden. Ich habe Gott noch mehr erleben dürfen und eine tiefere Ahnung von seinem Herz und seiner Größe bekommen. Und ich habe auch nach dem Schreiben dieses Buches noch immer nicht genug vom Thema Gebet! Denn die Gebetswelt ist groß, vielfältig und unerschöpflich. Durch das Befassen mit den verschiedenen Facetten des Gebets spüre ich heute erst recht, dass es in dieser Welt noch so viel mehr zu entdecken gibt. Ich staune darüber, dass das Thema Gebet offensichtlich niemals „abgearbeitet" ist. Eigentlich auch nicht verwunderlich, schließlich geht es um die Kommunikation mit Gott, dem unergründlichen Schöpfer des gesamten Universums ... Ich ahnte schon beim Entwickeln dieser Buchidee, dass ich mich auf meiner persönlichen Entdeckungsreise durch die Welt des Gebets diesem Gott in seiner wilden Schönheit, Liebe und Größe noch einmal auf ganz besondere Weise nähern würde.

Vielleicht war das auch der Grund, warum ich den Eindruck hatte, dass ich das Thema Gebet nicht nur mit Worten und Sätzen erschließen will. Wie schön wäre es, wenn man sich diesem Thema auch auf eine kreative Art und Weise nähern würde? Mir kam die Idee, noch jemand anderen für dieses Projekt ins Boot zu holen. Sehr schnell kam mir Mira von *herzstärkend* in den Sinn. Mit ihr hatte ich schon einige Zeit losen Kontakt, und ich hatte den Eindruck, dass sie mein Herzensanliegen teilen und diese Buchidee feiern könnte. Auf ihrem wunderschönen Instagram-Account *herzstärkend* schafft sie es, auf schöne, schlichte Art und Weise mit ihren Illustrationen Impulse zum Thema Glauben und Leben weiterzugeben. *Herzstärkend* will junge Frauen in ihrem Glauben stärken und ihr Herz fest in Gott machen. Ich fragte sie an – und tatsächlich ist der Funke übergesprungen und Mira hatte große Lust auf das gemeinsame Projekt.

Mit jedem Telefonat, mit jeder Entscheidung wurde das Projekt immer klarer – und ich stellte es meiner Lektorin Désirée vor. Danach brauchte es einige Treffen, viele intensive Arbeitsphasen, Mails, Telefonate und Sprachnachrichten, um das Projekt an den Start zu bringen. Aber wir durften erleben, wie Gott uns immer Einheit schenkte und wir unglaublich viel voneinander lernen konnten.

Mein regelmäßiges Gebet während des Entstehungsprozesses dieses Buches war: „Gott, am Ende soll es nicht um Miras und meine Talente gehen, sondern um *deine* Größe und *deine* Schönheit." Unsere Kunst soll auf Gott hinweisen. Er ist es, für den wir leben und arbeiten, und er ist es, dem wir begegnen wollen. Und das an jedem Tag in unserem Leben. Das wünschen wir uns für uns selbst, aber vor allem auch dir, liebe Leserin. Wir hoffen, „krea.tief beten" kann dir eine Hilfe dabei sein.

Unser Buch ist ein Arbeitsbuch und kein Buch, das du in einem Rutsch lesen und dann wieder weglegen solltest. Lies meine Impulse, lass dich von Miras Illustrationen inspirieren, und probiere auf „deinen Seiten" die praktischen Tipps für andere Gebetsformen am besten direkt selbst aus – aber vor allem: begegne Gott in deinem ganz persönlichen Gebet. Setz dich zu seinen Füßen, rede, höre zu, genieße, halte auch mal die Stille aus. Lass dich einmal auf all diese unterschiedlichen Gebetsformen ein, und dann überlege, welche davon du zukünftig in dein (Gebets)Leben integrieren willst. Damit du nicht vergisst, was dir in deiner Beziehung zu Gott besonders gutgetan und dich in deinem Gebetsleben weitergebracht hat, kannst du im Inhaltsverzeichnis deine liebsten Gebetsformen direkt ankreuzen.

Auf manchen Seiten findest du Fragen und Aufgaben, die gar nicht so leicht zu beantworten oder so schnell umzusetzen sind, aber das brauchst du auch nicht. Es muss nicht dein Anspruch an dich sein, alles auf einmal von vorne bis hinten durchzuarbeiten. Du kannst das Buch vielmehr immer wieder mal zur Hand nehmen und dich einer neuen Facette des Gebets widmen. Das Thema Gebet kann man schließlich auch nicht einfach abhaken; es bleibt eine persönliche Reise.

Wir beten, dass dich unser Buch inspiriert und dir neue Lust darauf macht, immer wieder in die Welt des Gebets einzutauchen, genau so wie du gerade bist: glücklich, sorgenvoll, entspannt, traurig, zuversichtlich, beladen, frei. Wir glauben, wenn wir unser Herz öffnen, und das Gebet ganz neu für uns entdecken, wird Gott auch auf ganz neue Arten und Weisen zu uns sprechen. Wir wünschen dir ganz viele berührende und herzstärkende Momente mit Gott – und dass du ihm ganz *krea.tief* begegnest!

Nelli Mira

für dich
ZUM NOTIEREN

♡ DAS HAT MIR GEHOLFEN UND MÖCHTE ICH IN MEINEM ALLTAG ANWENDEN.

× DAS IST NICHTS FÜR MICH.

● DAMIT MUSS ICH MICH NOCH MEHR BESCHÄFTIGEN.

inhalt

Danke für alles! 14
Musik für dich 20
Glaube über Gefühl 30
Du träumst mit mir 42
Meine Grenzen, deine Möglichkeiten 50
Aus deiner Kraft 58
Mit jedem Herzschlag 61
Du lässt mich tanzen 76
Schritte wagen 79
Lass mal hören 86
Dein Wort verstehen 94
Lectio Divina 100
Raus in die Schöpfung 104
Mir fehlen die Worte 116
Mit allen Sinnen 126
Kreativ für dich 130
Du kannst heilen 136
Gib mir mehr! 143
Meine 100 Elefanten 150
Wut im Bauch 160
Tränen sind okay 166
Segenregen 172
Mein Platz bei dir 176
Mit allem, was ich bin 182
Im Zweifelsfall – beten 186
Putztag fürs Herz 192
Herzensgespräche 200
Zusammen mit dir 204
Kämpferkind 216
Fokussieren und Fasten 222
Du hast gesagt 230
Bis etwas passiert 234
Auf die Wunderliste, bete – los! 238
Alltagsgold 244
All-in für dich 250
Danksagungen 254

danke für alles

„Ich will den Herrn loben allezeit;
sein Lob soll immerdar in meinem Munde sein."
Psalm 34,2; LU

Am liebsten loben wir Gott, wenn es uns gut geht, wenn wir kein ungestilltes Bedürfnis mehr in uns verspüren und für den Moment alles haben, was wir brauchen. Ja, in solchen Momenten können wir Gott loben. Dann kann ich ihn loben – für ein gutes Leben. Für so viele schöne Dinge in meinem Leben. Für das schöne Leben mit ihm an meiner Seite. Auch wenn diese Art von Lob gut ist und Gott es natürlich wert ist, für all die tollen Geschenke in meinem Leben gelobt zu werden, so wiegt dieses Lob nicht schwer – schließlich geschieht es aus dem gestillten Bedürfnis heraus. Wenn ich Gott nur dann lobe, wenn ich gerade keine ungestillte Sehnsucht in meinem Herzen spüre, dann steht mein Lob auf einem sehr wackeligen Fundament. Es braucht nur einen leichten Windzug, der mich frösteln lässt, und schon verstummt mein Lob und verwandelt sich wieder in eine Bitte oder Klage. Aber Gott wünscht sich von den Menschen, die mit ihm durchs Leben gehen, einen Lobpreis, der unabhängig von ihren äußeren Umständen ist, einen Lobpreis, der beständig ist.

WENN ICH GOTT NUR DANN LOBE,
WENN ICH GERADE KEINE UNGESTILLTE
SEHNSUCHT IN MEINEM HERZEN SPÜRE,
DANN STEHT MEIN LOB AUF EINEM
SEHR WACKELIGEN FUNDAMENT.

Der wohl bekannteste „Singer-Songwriter“ der Bibel, David, hat ein wunderschönes Lied geschrieben, dessen Lyrics in Psalm 34 stehen. Vor dem Schreiben des Songs wurde er von seinen Feinden fast umgebracht, und daraufhin schrieb er folgende Worte: „Ich will den Herrn loben allezeit; sein Lob soll immerdar in meinem Munde sein. Schmecket und sehet, wie freundlich der Herr ist.“ Die Worte „allezeit“ und „immerdar“ bringen auf den Punkt, dass unser Herz 24/7 bereit sein sollte, Gott zu ehren und zu preisen. Das beinhaltet auch all die Momente, in denen es uns schlecht geht und wir traurig sind. Trotzdem bedeuten diese Verse nicht, dass man vor Gott keine Klage bringen darf. Oh nein – wir dürfen und sollen sogar authentisch vor Gott sein, und dazu gehört eben auch, ihm unser Herz mit all unserem Frust und Schmerz auszuschütten. Aber ich glaube, die Verse bedeuten, dass das Herz jederzeit Gott die Ehre bringen soll, für das, was er ist. Wenn ich meinen Lobpreis auf Gott selbst ausrichte, dann habe ich jederzeit Grund, Gott aus vollem Herzen zu preisen. Er war, ist und bleibt jederzeit derselbe verlässliche, anbetungswürdige Gott. Er bleibt mein Fels in der Brandung, mein Schöpfer, mein Versorger, mein bester Freund, mein Papa, mein Coach, mein Seelenversteher, mein Bräutigam, meine große Liebe, mein Bruder, mein Zukunftsgestalter. Er bleibt der Weg, die Wahrheit, die Auferstehung und das Leben – er bleibt Gott. Für all das und noch für so viel mehr darf ich ihm immer wieder mein Lob bringen. Aber was tue ich, wenn ich keine Kraft mehr habe und mich vom Leben erschlagen fühle? Wenn mich Versagen und Schuld belasten, mein Leben zerbrochen ist? Was tue ich, wenn ich unter den Konsequenzen einer schlechten Entscheidung leide? Dann darf ich wissen, dass Gott Gnade auf all die schmerzhaften und leidvollen Bereiche meines Lebens ausgießen will. Er verurteilt uns nicht, stattdessen lädt er uns ein, ihm zu vertrauen und ihn in Zukunft mit ins Gespräch zu nehmen. Er bietet

SIE SUCHTE

gottes freundlichkeit

MITTEN IM ALLTAG – UND FAND SIE IN SO UNZÄHLBAR VIELEN DETAILS.

Unterstützung und Hilfe an, gerade dann, wenn wir an unsere Grenzen kommen oder sie schon überschritten haben. Deswegen können wir Gott auch in diesen Zeiten loben.

Darin ist mir die US-Autorin Ann Voskamp ein echtes Vorbild. In einer leidvollen Krisenzeit, in der sie viel Verlust erleben musste und ihr das Danken und Loben deshalb nicht so leicht über die Lippen kam, startete Ann ihre Dankesliste, über die sie später das Buch „Tausend Geschenke" schrieb. Tag für Tag führte sie ihre Liste weiter. Dabei dankte sie für kleine Dinge wie die dicke Schicht Marmelade auf dem Butterbrot, die Sonnenstrahlen, die durchs Fenster fallen, den leckeren Milchschaum auf dem Latte Macchiato. Sie suchte Gottes Freundlichkeit mitten im Alltag – und fand sie in so vielen Details.

Manchmal habe ich den Eindruck, wir machen Gottes Freundlichkeit uns gegenüber nur von den ganz großen Dingen im Leben abhängig: von der Tatsache, ob wir einen Partner haben oder nicht, von der Tatsache, ob wir ein Kind haben oder nicht, ob wir Gesundheit haben oder nicht. Aber Gottes Freundlichkeit ist auch in all den kleinen Füllwörtern unserer Lebensgeschichte zu finden und nicht nur in den bedeutungsvollen Substantiven. Es lohnt sich also, genauer hinzuschauen und außerdem Bereiche nicht zu schnell zu bewerten und stattdessen einen zweiten Blick auf sie zu werfen. Manchmal sind die Dinge auf den zweiten Blick ganz anders als wir zunächst meinen. Ich will dich ermutigen: Lobe Gott mit deinem ganzen Herzen und lass immer ein Lob auf deinen Lippen sein.

danke für alles

AUCH WENN ES GERADE RICHTIG SCHWER IST, ÜBERLEGE MAL, FÜR WAS DU TROTZ ALLEM DANKBAR SEIN KANNST.

WAS SIND DIE KLEINEN DINGE, DIE DEINEN ALLTAG VERSCHÖNERN?

egal, wie ich mich gerade fühle – dankbarkeit soll immer die grundlage meines herzens sein.

musik für dich

„Stimmt ihm zu Ehren neue Lieder an, und spielt die Harfe so gut ihr könnt und mit ganzer Freude.“
Psalm 33,3

Musik begeistert Menschen. Nicht nur heute oder in den letzten Jahrhunderten, in denen die Musikgeschichte unterschiedliche Epochen durchlaufen ist, und immer wieder neue Töne angeschlagen wurden, sondern auch schon zur Zeit von Mose, Abraham und Co. spielte die Musik eine große Rolle. Immer wieder liest man in der Bibel davon, wie Menschen Gott mit Instrumenten und ihrer Stimmen loben. Erwähnt werden die Flöte, Pauke, Posaune, Rohrpfeife, Zimbel, Harfe, Psalter und viele mehr. Die Instrumente wurden damals hergestellt aus Zedernholz, Sandelholz, Silber, Tierhörnern und anderen natürlichen Materialien. All diese Instrumente mussten zunächst einmal erfunden und dann in Handarbeit zusammengebaut werden. Das macht deutlich, dass viele musikbegeisterte Menschen viel Arbeit, Zeit und Herzblut investiert haben, um schöne Klänge durch unterschiedliche Materialien, Bauweisen und Techniken herzustellen. Die Suche nach schönen Klängen hat bei dieser Vielzahl an Instrumenten sicher viele Menschen beschäftigt.

INTERESSANT IST, DASS SICH WESENTLICH MEHR PSALMEN UM DIE KLAGE ALS UM DEN DANK DREHEN.

Aber man liest in der Bibel nicht nur von Instrumentalmusik, der die Menschen andächtig lauschten – nein, da waren auch viele Poeten am Werk, die wunderschöne Liedtexte geschrieben haben, um diese mit den Instrumentalklängen zusammenzubringen und Lieder zum Mitsingen zu erschaffen. Der bekannteste Poet der Bibel ist König David, der die Hälfte aller Psalmen zu Papier gebracht hat. Neben ihm gehören auch die Söhne Korachs und Asaph zu den bekannten „Singer-Songwritern" aus biblischen Zeiten. Ich kann mir vorstellen, dass die Psalmen in der Bibel nur ein Teil aller geschriebenen Lieder waren. Mit Sicherheit gibt es auch noch viel altes Liedgut, das niemals veröffentlicht worden ist. Denn genauso wie auch heute viele Künstler ständig im Schreibprozess sind, um ihre Gedanken und Gefühle zu verarbeiten und aufs Papier zu bringen, wird es auch zu biblischen Zeiten gewesen sein. Nicht nur freudige Anlässe inspirierten die Menschen damals dazu, Gott in der Musik zu begegnen, auch Klagen und die Bitte um Hilfe und Errettung waren häufig Themen der Lieder. Interessant ist, dass sich tatsächlich wesentlich mehr Psalmen um die Klage drehen als um den Dank. Zudem kommt das kleine Buch „Klagelieder", das – wie der Name schon sagt – noch mal ausschließlich mit Klagen gefüllt ist.

Auch im Neuen Testament spielt Musik eine Rolle – wenn auch mehr in Form von persönlichen, spontanen Lobgesängen als in Instrumentalkompositionen. Der Lobgesang ist eine Reaktion von Menschen, die Gott auf besondere Weise erfahren haben – wie es zum Beispiel bei Maria oder Hannah der Fall war. Musik gehört also ganz offensichtlich zum Leben der Gläubigen dazu. So steht auch in Epheser 5,19: „Singt miteinander Psalmen und Lobgesänge und geistliche Lieder, und in euren Herzen wird Musik sein zum Lob Gottes."

Ähnliches lesen wir auch in Kolosser 3,16. Hier werden wir richtig ermutigt, Gott mit Musik die Ehre zu geben. Spannend finde ich außerdem, dass deutlich wird, dass Musik etwas mit uns macht und uns ganz tief berührt. Wenn ich an die verschiedenen Situationen in der Bibel denke, in denen Musik eine große Rolle spielt, merke ich, welch eine heilsame Wirkung sie auf die Menschen damals hatte – ob es nun Engelgesang war, der eine frohe Botschaft verkündete, oder Lobgesang von Menschen nach der Rettung aus ihrer Not, oder eben das gemeinsame Singen in einer Gruppe. Musik baut auf, Musik tröstet, Musik berührt und schenkt einen tiefen inneren Frieden.

MUSIK BAUT AUF,
MUSIK TRÖSTET,
MUSIK BERÜHRT UND
SCHENKT EINEN TIEFEN
INNEREN FRIEDEN.

Musik gehört zur Menschheit, genauso wie auch Mimik und Gestik zur Menschheit gehören. Denn auch durch Musik können wir uns besser ausdrücken. Es berührt mich sehr, dass sich Gott so etwas Schönes wie Musik ausgedacht hat. Er hat sich wohl überlegt, dass er uns Menschen die Fähigkeit schenken will, mit Instrumenten schöne Klänge hervorbringen zu können – oder mit der eigenen Stimme. Anderen wollte er die Gabe schenken zu komponieren und wunderschöne, berührende Stücke zu schreiben. Gott selbst hat sich gewünscht, dass wir diesen Schatz der Musik bekommen, um unseren Gefühlen und Gedanken auf diese wundervolle Art und Weise Ausdruck zu verleihen. Ja, vielleicht sogar denen, für die es keine Worte gibt. Musik hören und selbst machen kann unsere Seele zutiefst trösten, aufbauen und stärken.

Außerdem fasziniert mich der Gedanke, was die Musik wohl über ihren Erfinder, Gott, aussagt. Singt Gott vielleicht selbst? Und wenn ja, wie hört sich das wohl an? Singt Gott-Vater in einem tiefen wunderschönen Bass, der Heilige Geist in einem hellen Sopran und Jesus „unser Mittler“ in der Mittellage, in einem angenehm warmen Alt? Wie würde es sich wohl anhören, wenn man die Trinität zusammen singen hören würde? Wie ein vollkommener Dreiklang? Ob es tatsächlich so ist, dass Gott singt, weiß ich natürlich nicht. Dafür finde ich in der Bibel keine Anhaltspunkte. Dennoch fällt mir diese Vorstellung von einem singenden Gott nicht schwer, da wir als Ebenbilder Gottes geschaffen sind, und wenn schon Menschen in der Kunst der Musik Unfassbares erschaffen, wie überwältigend muss dann das klingen, was Gott selbst erschafft? Auch nehme ich stark an, dass Gott der Urheber und heimliche Komponist der schönsten Lieder ist, dessen Lieder durch die Melodie der Schöpfung erklingen. Ganz egal, ob es das Rascheln der Bäume ist, das Rauschen der Meereswellen oder aber die unterschiedlichen Melodien der Vögel. Die gesamte Schöpfung lebt und betet an.

Wenn wir also im Gottesdienst aufstehen, um Gott in der Lobpreiszeit zu ehren, oder wenn wir zu Hause unter der Dusche Gott Lieder singen, so steigen wir immer wieder ein in den niemals endenden Lobpreis, der durch die ganze Welt weht – durch sämtliche Zeiten, Jahrhunderte und jeden einzelnen Tag. Wir klinken uns ein in die Melodie der Schöpfung, die Gott unaufhörlich ehrt. Tiere, Natur und Menschen – alles ist von Gott geschaffen, um ihm die Ehre zu geben. Wir Menschen tun es mit unserem gesamten Leben beziehungsweise unserem Lebensstil, aber eben auch punktuell mit unserem gesungenen Lobpreis, bei dem wir unser Herz wieder auf Gott ausrichten und uns daran erinnern, wer wir vor ihm sind und welche Idee Gott für unser Leben hat. Wir ehren Gott damit, dass wir in jeder Lebenssituation seine Nähe suchen, weil wir wissen, dass wir die Gemeinschaft mit ihm brauchen und auf seine Gegenwart und Hilfe angewiesen sind. Wir ehren ihn, indem wir in jeder Lebenssituation unsere Hände erheben und ihn als unseren König und unseren Schöpfer anbeten. Wir ehren ihn, weil er es wert ist!

Dein Step:

du bist unendlich
geliebt &
einzigartig.
du bist dazu
berufen, groß zu
träumen und
großes zu tun.
– gott

SCHREIBE DIR GENAU DIESE WORTE
DOCH MAL IN DER ICH-PERSPEKTIVE AUF:

„Der Herr, dein starker Gott,
der Retter, ist bei dir.
Begeistert freut er sich an dir.
Vor Liebe ist er sprachlos
ergriffen und jauchzt doch mit
lauten Jubelrufen über dich."
- Zefanja 3,17

deine wahrheiten

SCHREIBE HIER MAL ALLE SCHLECHTEN GEDANKEN AUF, DIE DU ÜBER DICH SELBST HAST.
DANN NIMM EINEN DICKEN STIFT UND STREICHE DIESE GEDANKEN DURCH.
SCHREIBE DANEBEN, WAS GOTT DARÜBER DENKT, UND HABE DABEI IM KOPF, DASS ER NUR GUTES ÜBER DICH DENKT.

glaube über gefühl

„Vertraue von ganzem Herzen auf den Herrn und verlass dich nicht auf deinen Verstand. Denke an ihn, was immer du tust, dann wird er dir den richtigen Weg zeigen."

Sprüche 3,5+6

Was kann man tun, wenn das Leben plötzlich so anders verläuft, als man es sich gewünscht hat? Erst kürzlich sprach ich mit einem Mann, der mit seiner Frau ganze acht Jahre lang auf eine Schwangerschaft gewartet hat. Die beiden haben gebetet und gebetet, gewartet und gewartet – und nichts geschah. Acht Jahre sind eine sehr lange Zeit. Acht Mal Weihnachten, acht Mal Ostern, acht Mal Geburtstag feiern. So schnell vergeht der Kreislauf eines Jahres und immer wieder wird man mit der Frage konfrontiert: *Warum kriegen wir kein Baby – was ist hier los?*

Gottes liebste Beschäftigung ist es, so kommt es mir manchmal vor, unseren Vertrauensmuskel zu „dehnen". Unseren Glauben zu weiten. Auch wenn es immer nur zu unserem Besten dient, kann sich das manchmal alles andere als spaßig anfühlen. Es wäre doch so viel leichter, wenn eine prompte Antwort auf das eben in den Himmel geschickte Gebet kommen würde: Man betet um ein Baby, und in derselben Nacht wird man schwanger. Man betet um eine gute Freundin, und am nächsten Tag lernt man sie kennen. Man betet um eine tolle Ausbildungsstelle, und am nächsten Tag ruft der Personalleiter eines bekannten Unternehmens an und möchte dich einstellen.

Aber tatsächlich geht es Gott um viel mehr als um sofortige Gebetserhörungen, die uns das Leben leicht machen. Es geht ihm um viel mehr als um die Erfüllung all unserer Wünsche und Bedürfnisse. Es geht Gott vor allem um unser Herz – um das tiefe Vertrauen, das er sich darin wünscht, auch wenn das Wunder (zunächst) ausbleibt. Er sehnt sich nach kompromissloser Nachfolge, die nicht auf Wundern und Gefühlen aufbaut, sondern einzig und allein auf ihm selbst. Gott sehnt sich danach, dass wir ihm nachfolgen, nicht weil wir es gut haben wollen – sondern weil wir ihn haben wollen. Das ist eine völlig andere Basis, eine völlig andere Haltung.

ES GEHT GOTT UM VIEL MEHR ALS UM
DIE ERFÜLLUNG UNSERER WÜNSCHE
UND BEDÜRFNISSE.
ES GEHT IHM VOR ALLEM UM UNSER HERZ.

In Sprüche 3,5-6 steht: „Vertraue von ganzem Herzen auf den Herrn und verlass dich nicht auf deinen Verstand. Denke an ihn, was immer du tust, dann wird er dir den richtigen Weg zeigen." Mich berührt vor allem der Satzteil „denke an ihn, was immer du tust". Wenn ich das in meinem Leben wirklich umsetzen will, bedeutet das, dass ich meinen Blick von meinen 153 Wünschen löse und stattdessen auf Gott schaue. Dass ich an ihn denke und mich frage, was er sich wünscht, wofür sein Herz schlägt.

Wenn ich mir diese Haltung antrainiere und sie immer wieder neu bewusst einnehme, dann befreit mich das von der Vorstellung, Gott wäre dafür da, um mich mit allem, was ich brauche (oder vielleicht auch gar nicht brauche, sondern nur unbedingt möchte) zu versorgen. Es befreit mich von dem Irrglauben, er müsse mir immer alles schenken, was ich mir in meinen kühnsten Träumen vorstelle.

Das ist ein völlig falsches Gottesbild! Gott ist nicht dafür da, um mich im Märchenland „Leben" ein Highlight nach dem anderen erleben zu lassen. Gott ist nicht dafür da, um mir sämtliche Wünsche von meinen Augen abzulesen und wie die Bedienung im Restaurant stets zur Stelle zu sein, wenn ich nicht so ganz zufrieden mit dem bin, was mir vorgesetzt wurde. Nein, mein Leben soll sich um Gott drehen – und nicht andersherum. Ihm will ich folgen, ihn stets vor Augen haben, *seinen* Wünschen und *seiner* Sehnsucht auf die Spur kommen. Und auf wundersame Weise erfüllt mich das viel mehr, als meine eigenen Wünsche es je könnten.

Vielleicht macht es uns Angst, diese neue Perspektive einzunehmen. Schließlich verlieren wir damit die Vorstellung von Gott als unserem Diener im Leben, der gefälligst dafür zu sorgen hat, dass das Leben immer rund läuft. Doch wagen wir diesen Schritt und verabschieden uns von diesem Gottesbild, werden wir überreich beschenkt. Die Autorin Jess Connolly bringt es so treffend auf den Punkt: „Es mag für eine Sekunde tröstlich erscheinen, dass der Gott des Universums uns seine volle Aufmerksamkeit gegeben hat und uns zur Verfügung steht – bis wir erkennen, dass wir ihn durch dieses Denken sehr klein gemacht haben, damit er uns dient."[1] Gott ist weitaus mehr als jemand, der uns unsere Wunscherfüllungen auf einem Silbertablett reicht. Und es ist so viel bedeutsamer, wenn wir ihm in die Augen schauen, anstatt nur auf die erfüllten Wünsche auf dem Silbertablett. Es ist so viel bedeutsamer, Zeit mit Gott zu verbringen, als nur seine Geschenke zu genießen.

Über diesen Gedanken war ich mit einer Jugendlichen im Gespräch, mit der ich gerade ein Buch gemeinsam lese. Kürzlich schickte sie mir ganz euphorisch eine Sprachnachricht und sagte: „Nelli, ich glaube, genau das ist vielen aus unserer Jugendgruppe gar

---

1 Auszug aus dem Buch „Wild und frei", S. 80 + 81

nicht bewusst. Ich habe irgendwie noch nie gehört, dass Gott sich nicht um mich dreht, sondern vielmehr ich mich um ihn drehen sollte." Ich bin mir sicher, dass wir in der Jugend oft über die wahre Bedeutung von Nachfolge gesprochen haben, aber scheinbar wurde es ihr bisher noch nie so klar wie in diesem Moment. Und ich gebe ihr Recht: Viel häufiger geht es uns um uns selbst und um unser kleines Leben, in dem Gott bitte schön alles richten soll, was nötig ist. Aber nein – es geht nicht um uns, es geht um *ihn*. Und diese Erkenntnis hat auch einen großen Einfluss auf unser Gebetsleben. Wenn ich erkenne, dass es beim Gebet um Gott und nicht um mich selbst geht, brauche ich für mein Gebet weder Wunder, noch bestimmte Gefühle. Ich muss mich nicht erst danach fühlen und ein warmes Herz haben, um Zeit mit Gott zu verbringen. Ich verbringe Zeit mit Gott, weil ich ihn liebe, weil ich ihn ehre und ihm folge. Ich verbringe Zeit mit Gott, weil ich ihn stets vor Augen haben will. Es ist Beziehungszeit mit demjenigen, der für mein Leben am wichtigsten ist.

In der Bibel begegnen uns immer wieder Menschen, die vor der Entscheidung stehen, auf den eigenen Verstand und auf die eigene Weisheit zu bauen – oder Gott zu vertrauen. Konkret denke ich da an Josua, der mit dem gesamten Volk Israel vor dem Jordan steht. Sie haben schon viel Wegstrecke hinter sich gelassen und stehen kurz vor der Einnahme Jerichos. Endlich sollen sie aus der Fremde, in der sie Sklaven waren, in das Land der Verheißung gelangen. Egal, wie viel sie schon mit Gott erlebt haben, egal, wie viele gute Erfahrungen sie bereits mit seiner Treue gemacht haben – jeder neue (Glaubens-)Schritt ist ein Kraftakt. Jeder neue Schritt bedeutet, sich wieder der Unsicherheit zu stellen, dass man Gott vielleicht doch falsch verstanden hat, dass er möglicherweise doch nicht eingreift und man ertrinkt – ja, dass Gott sein Versprechen am Ende doch nicht einhält.

VOR JEDEM NEUEN SCHRITT HINEIN INS VERTRAUEN WÄRE ES EINFACHER UMZUKEHREN UND IN DER KOMFORTZONE ZU BLEIBEN.

Vor jedem neuen Schritt hinein ins Vertrauen wäre es einfacher, umzukehren und lieber in der Komfortzone zu bleiben. Doch Gott hatte Josua bereits auf genau diesen Schritt vorbereitet. Er sagte zu ihm in Josua 1,7ff: „Sei stark und mutig. Gehorche gewissenhaft den Gesetzen, die dir mein Diener Mose gab. Weiche nicht von ihnen ab, damit du Erfolg hast, wohin du auch gehst. Die Worte des Gesetzes sollen immer in deinem Mund sein. Denke Tag und Nacht über das Gesetz nach, damit du allem, was darin geschrieben steht, Folge leisten kannst, denn nur dann wirst du erfolgreich sein. Ich sage dir: Sei stark und mutig! Hab keine Angst und verzweifle nicht. Denn ich, der Herr, dein Gott, bin bei dir, wohin du auch gehst."

Die Worte von Gott zielen nicht auf die Gefühle von Josua. Stattdessen fordert Gott Josua auf, seinen Worten treu zu folgen. Josua soll auf das setzen, was er von Gott gelernt hat – ganz unabhängig von seinen Gefühlen. Gott will, dass wir ihm treu sind. Er will, dass wir Zeit mit ihm verbringen. Und er ist es würdig, dass wir ihm anbetend begegnen. Gott fordert unsere Treue, weil er sein Wort halten wird.

Josua macht diesen einen Schritt hinein ins Vertrauen und setzt seinen Fuß auf den Jordan – und die Flussseiten stellen sich auf wie Wände, sodass sein Volk hindurchgehen kann. Gott steht zu seinem Versprechen. Er ist da.

ich will beten
AUCH WENN ICH
NICHTS SPÜRE.

„Es geht Gott um viel mehr, als um die Erfüllung unserer Wünsche und Bedürfnisse. Es geht ihm vor allem um unser Herz." - Nelli

WOFÜR WILLST DU GOTT ANBETEN?

IN ALLEM, WAS GERADE GUT LÄUFT:

IN ALLEM, WAS GERADE ÜBERHAUPT NICHT LÄUFT:

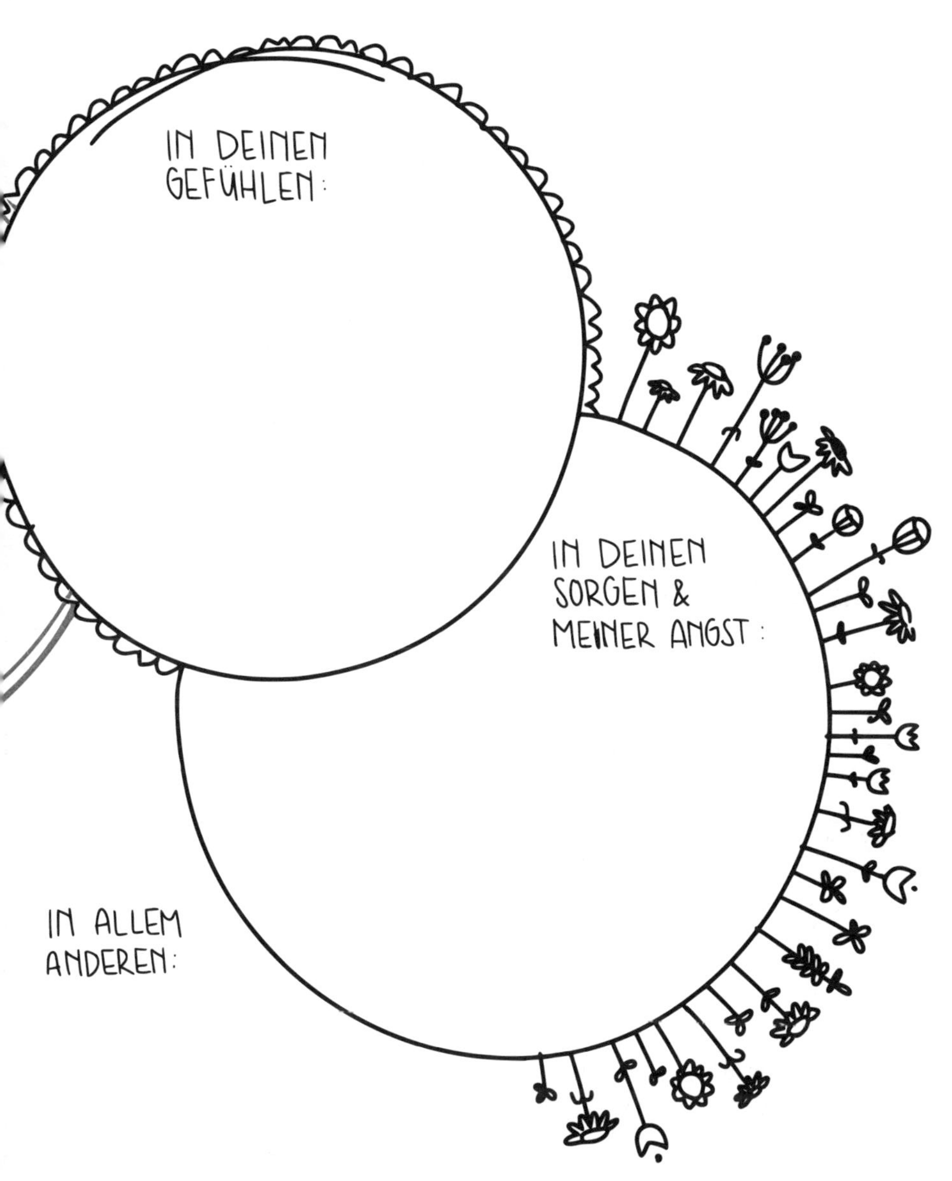
IN DEINEN
GEFÜHLEN:
IN DEINEN
SORGEN &
MEINER ANGST:
IN ALLEM
ANDEREN:

OFT VERGESSEN WIR, AN WAS FÜR
EINEN GOTT WIR GLAUBEN UND WAS ER KANN.
ALL DAS AUFZUSCHREIBEN UND REGELMÄßIG
DURCHZULESEN HILFT, GOTTES GRÖßE
NICHT ZU VERGESSEN.

WER IST GOTT?

WAS IST MIT IHM MÖGLICH?

WAS IST GOTT WICHTIG?

WAS BEDEUTET ES, DASS DU
EIN KÖNIGSKIND BIST?

JETZT KANNST DU ALL DAS
IN DEIN EIGENES
GLAUBENSBEKENNTNIS
SCHREIBEN.

ich glaube

MEIN GLAUBENSBEKENNTNIS

du träumst mit mir

„Überlass dem Herrn die Führung deines Lebens und vertraue auf ihn, er wird es richtig machen.“

Psalm 37,5

Träume nicht dein Leben, sondern lebe Gottes Traum. Das ist meine leichte Korrektur des so bekannten Spruches „Träume nicht dein Leben, sondern lebe deine Träume.“ Ich mag diese Korrektur sehr, weil sie aufzeigt, dass ich gar nicht in erster Linie meine eigenen Träume leben will. Vielmehr sehne ich mich danach, Gottes Traum für mein Leben zu entdecken. Ich bin zutiefst überzeugt davon, dass Gott für jeden Menschen einen wunderbaren Traum hat. Jeder Mensch ist ein Unikat aus der Kunstwerkstatt des Meisters persönlich. Gott hat mit viel Sorgfalt und Liebe überlegt, wie jeder Mensch aussehen soll, und welche Persönlichkeit, welche Stärken und Talente er mit auf den Weg bekommen soll. Dann hat er sich unglaublich detailverliebt an die Arbeit gemacht. Jeder Mensch ist einzigartig in der Art und Weise, wie er lebt, wie er denkt und wie er die Welt sieht. Und genauso einzigartig ist der Fußabdruck, den er auf dieser Welt hinterlassen wird. Und: Jeder Mensch träumt auf seine eigene Weise – in der Nacht und am Tag. Das finde ich großartig, wie bunt, vielfältig und facettenreich unsere Träume sind!

Ich bin davon überzeugt, dass wir auch mit Gott träumen dürfen, und dass unsere Träume eine geistliche Dimension haben. Wenn ich mit Gott träume, erkenne ich plötzlich, was mit seiner Hilfe tatsächlich möglich wäre – bei mir oder auch im Leben von anderen. So treffe ich zum Beispiel Mädels in der Seelsorge, höre ihre Geschichten, stelle ihnen Fragen, bete für sie und erahne in dieser Situation dann den Traum, den Gott für diese Mädchen haben könnte.

Vielleicht scheint bei meinem Gegenüber gerade alles zerbrochen, schwierig oder gar aussichtslos zu sein. Aber Gott kann mir eine Ahnung davon geben, was er in diesem Leben tun will, wie er heilen, wiederherstellen und verändern will. Mit Gott zu träumen ist ein Ausdruck von tiefer Sehnsucht und dem Glauben, dass sich die aktuelle Situation stark verändern und eine ganz andere Zukunft vor einem liegen kann.

WENN ICH MIT GOTT TRÄUME,
ERKENNE ICH PLÖTZLICH, WAS MIT
SEINER HILFE TATSÄCHLICH
MÖGLICH IST.

Es ist eine geistliche Übung, mit Gott zu träumen. Ich kann mit ihm über meine Ehe träumen und mir vorstellen, wie er unsere Ehe prägen und immer schöner werden lassen kann. Ich kann mit Gott über meine Gemeinde träumen und mir vorstellen, wie diese sich ganz neu auf den Weg macht, Gott in den Mittelpunkt stellt und als Einheit vor seinen Thron kommt. Ich kann über meine Freundschaften träumen und mir vorstellen, wie Gott durch sie geehrt wird. Ich kann über meine berufliche Situation träumen und mit Gott darüber sprechen, wo ich an meine Grenzen stoße und welches Umfeld vielleicht besser für mich passen würde. Ich persönlich stelle fest, dass neue Träume vor allem da entstehen, wo ich gegen Mauern stoße und an meine Grenzen komme, wo Systeme erstarrt sind und wo Stillstand zum Programm geworden ist. Enge ist die beste Voraussetzung dafür, dass sich meine Träume ausweiten können und aufblühen. Träume. Stillstand ist der beste Zustand für neues Erwachen. Ich genieße und liebe es, dass Gottes Gegenwart jede Enge sprengen kann und dass er durch seine lebendige Art neues Leben erwachsen lässt.

Vor einigen Monaten hatte ich einen Job, der mich sehr herausgefordert hat. Die Rahmenbedingungen waren gut, die Kollegen supernett, meine Aufgabe vielversprechend. Motiviert und eifrig setzte ich mich an meine Aufgaben und wollte sie gut und zufriedenstellend erledigen. Es gelang mir allerdings nur mäßig gut. So arbeitete ich monatelang in der Hoffnung, dass sich das Blatt endlich wenden und der Funke dieser Aufgabe noch auf mich überspringen würde. Aber vergebens. Mit der Zeit empfand ich so viel Frust über diese Aufgabe. Warum entsprach mein Job offensichtlich nicht meinen Stärken und meiner Persönlichkeit? Ich fühlte eine starke Enge und war verzweifelt. Wie sollte ich dieser Enge entkommen?

Irgendwann wurde mir klar, dass ich Gott von meiner Sehnsucht nach etwas Anderem erzählen und mit ihm über meine aktuelle Situation sprechen kann. Er will mir zuhören und mit mir sein. Ich sprach also aus, was aktuell nicht gut lief, und was ich mir stattdessen so sehr wünschte. Ich fing an zu träumen. Mit Gott. Ich fing an, hoffnungsvoll zu beten und gedanklich neue Bilder zu malen. So gerne wollte ich als kreative Selbstständige eigene Projekte entwickeln – genau das tun, wofür mein Herz schlägt, und mich voll darin investieren. Das Träumen mit Gott hat mich zutiefst ermutigt. Plötzlich rückten meine Träume gefühlt einen Meter näher – zumindest wusste ich, dass Gott sie jetzt wenigstens schon einmal gehört und wahrgenommen hat. Vorher lag der Traum nur unkonkret in meinem Herzen, aber durch das bewusste Aussprechen ist etwas passiert. Plötzlich war der Traum etwas, das ich im Gespräch mit Gott bewegen konnte. Er wurde realer.

Mein Glaube wuchs und ich durfte an meinen wachsenden Traum glauben. Ich fasste ganz neuen Mut, dass Gott es schon gut machen wird. In Psalm 37,5 heißt es: „Überlass dem Herrn die Führung deines Lebens und vertraue auf ihn, er wird es richtig machen." Ich darf an Träume glauben und vertrauen, dass Gott gute Wege mit mir gehen wird.

STILLSTAND IST DER BESTE ZUSTAND FÜR NEUES ERWACHEN.

Mit der Zeit wuchs der Traum in mir immer weiter, und ich spürte, dass Gott mit mir ist und immer sein wird. Und so beendeten mein Arbeitgeber und ich das Arbeitsverhältnis – und ich war endlich frei, das zu tun, was ich auf meinem Herzen hatte. Ich wagte den Schritt in die Selbstständigkeit und erlebe täglich, wic gut und richtig dieser Schritt für mich war. Ich bin unfassbar dankbar, nun diesen Traum leben zu dürfen. Und meine tiefe Gewissheit ist, dass es auch Gottes Traum für mein Leben ist.

ICH WÜNSCHE MIR, DASS DU FÜR IMMER GROSS TRÄUMST.
– GOTT

du träumst mit mir

TRÄUME MAL SO RICHTIG VERRÜCKT UND GROß MIT GOTT ÜBER EINE SITUATION ODER EINEN LEBENSBEREICH:

WIE SIEHT DEIN TRAUMJOB AUS?
WAS KANN DEIN TRAUMMANN?
WAS WOLLTEST DU SCHON IMMER MAL MACHEN?

meine stärken

DIR ZUR EHRE

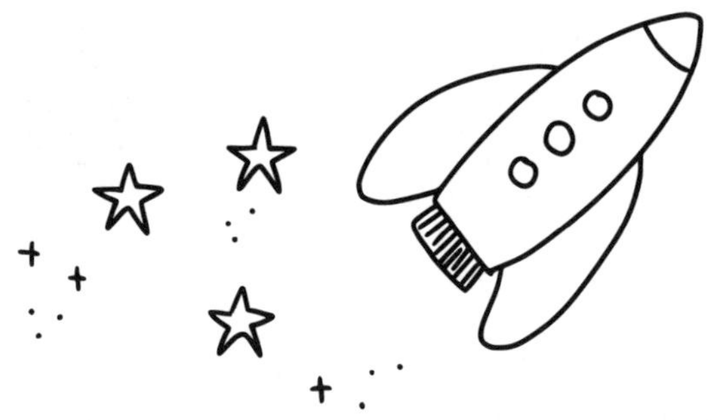

„ICH HABE SO VIEL IN DICH HINEINGELEGT UND WÜNSCHE MIR, DASS DU DEINE STÄRKEN EINSETZT UND FÜR ANDERE NUTZT."
– GOTT

1. WAS FÄLLT DIR LEICHT?
2. WAS SAGEN ANDERE, WAS DU RICHTIG GUT KANNST?
3. WAS GIBT DIR ENERGIE?
4. WAS LÄSST DEIN HERZ SCHNELLER SCHLAGEN?

WIE KANNST DU DIESE DINGE FÜR ANDERE MENSCHEN ODER FÜR GOTT NUTZEN?

WENN GELD UND ZEIT KEINE ROLLE SPIELEN WÜRDEN, WAS WÜRDEST DU TUN?

meine grenzen – deine möglichkeiten

„Wenn der Grund dafür aber die Gnade Gottes war, dann geschah es nicht aufgrund guter Taten, denn sonst wäre die Gnade Gottes nicht mehr das, was sie ist: ein freies, unverdientes Geschenk.“
Römer 11,6

Wer kennt das nicht? Ein neuer Tag voller Möglichkeiten beginnt, doch anstatt sich darüber zu freuen, ist man viel zu sehr mit sich selbst beschäftigt. Vielleicht hat man nachts nicht so gut geschlafen, schlecht geträumt oder sich zu viele Gedanken und Sorgen gemacht. Die Nacht hängt einem irgendwie noch nach, und man kann gerade nicht fröhlich in den Tag starten. Oder aber man fühlt sich irgendwie schwerer als sonst, weil man am Abend zuvor noch spät gegessen hat oder aktuell einfach zu wenig Sport macht. Vielleicht gab es aber auch gerade dicke Luft, weil man mal wieder nicht pünktlich war und die Eltern oder der Partner im Auto warten mussten. Immer und immer wieder stößt man an diese Punkte der eigenen Unzulänglichkeit. Man will so viel freier, glücklicher, entspannter, sorgenloser und pünktlicher sein – aber man schafft es einfach nicht. Immer wieder wird man mit seinen Grenzen konfrontiert.

Ich persönlich kann nur sagen: Ich hasse es. Ich hasse es, dass ich immer wieder an diese Punkte komme, an denen diese Stimme in mir laut wird, die sagt, dass ich schon wieder versagt habe, dass ich nichts kann, dass ich schwach bin, dass ich diese eine Sache nie verändert bekommen werde. Und egal, wie stark ich mich darum bemühe, und wie sehr ich mich fokussiere und dagegen ankämpfe – ich werde immer wieder an meine Grenzen stoßen. Vielleicht werde ich in einem Bereich eine große Veränderung erfahren, aber dafür werden andere oder sogar neue Bereiche aufgehen, die mich daran erinnern, dass ich ein unvollkommener Mensch bin. Ein Mensch, der niemals aus eigener Kraft heraus die beste Version von sich selbst werden kann.

EGAL, WIE SEHR ICH MICH FOKUSSIERE
UND DAGEGEN ANKÄMPFE –
ICH WERDE IMMER WIEDER AN MEINE
GRENZEN STOßEN.

Was zunächst frustrierend klingt, beinhaltet jedoch Hoffnung. Es sind gerade die Nullpunkte, an denen Gottes Gnade ansetzt. Meine Persönlichkeit und mein Leben werden niemals perfekt und makellos sein. Ich brauche permanent einen Erlöser und einen Retter, der mich von meiner eigenen Begrenztheit befreit und in die Weite führt. Ich lebe jeden Moment aus Gottes Gnade heraus, auch wenn mir das vielleicht nicht immer bewusst ist und ich manchmal den Eindruck habe, ich hätte mein Leben im Griff und alles unter Kontrolle. Gott schenkt mir diese vor Liebe und Barmherzigkeit nur so triefende Gnade. Jeden Morgen darf ich bewusst in den Raum der Gnade eintreten und in ihr leben. Das Verrückte ist aber, dass ich manchmal zu stolz bin, um genau das zu tun. Dann fliegt dieser teuflische Gedanke durch meinen Kopf, dass ich gerade für den Moment doch gar keinen Retter brauche und ich mein Leben doch ganz gut alleine hinkriege. Ja, es gibt Momente, in denen habe ich einfach keine Lust, schon wieder anzunehmen, dass ich Rettung brauche.

Wenigstens einen Moment möchte ich mal etwas selbst hinkriegen. Aber das führt zu nichts, denn Fakt ist: Ich brauche Gott in jedem Moment meines Lebens. Das klingt ernüchternd, weil es meine Schwäche offenbart, aber es ist einfach so. Mein ganzes Sein sehnt sich nach Erlösung, nach Rettung. Wir dürfen uns vor Gott demütigen und begreifen, dass wir ihn ständig brauchen. So gerne schenkt er uns seine Gnade. Eine Gnade, die nicht auf gute Werke baut. Eine Gnade, die jeder erleben darf, der begreift, wie nötig er Jesus hat. In Römer 11,6 steht: „Wenn der Grund dafür aber die Gnade Gottes war, dann geschah es nicht aufgrund guter Taten, denn sonst wäre die Gnade Gottes nicht mehr das, was sie ist: ein freies, unverdientes Geschenk." Genau so ist es. Diejenigen, die Gnade erleben wollen, dürfen sie in Demut annehmen – jederzeit.

JA, ES GIBT MOMENTE,
IN DENEN HABE ICH EINFACH KEINE LUST,
SCHON WIEDER ANZUNEHMEN,
DASS ICH RETTUNG BRAUCHE.

Wie wäre es, wenn du dich darin übst, Gnade anzunehmen und dir immer wieder darüber bewusst zu werden, dass du aus Gnade lebst? Wie wäre es, wenn du dich an deinen Grenzen von Gottes Gnade berühren lässt? Begegne Gott in deinen Schwächen.

Deine menschliche Grenze kann dein Reminder für Gottes Gnade in deinem Leben werden. Wenn du das nächste Mal deine menschliche Grenze erlebst, danke Gott für seine Gnade. Er liebt dich bedingungslos – weil er dich lieben will. Gott hat seinen Sohn Jesus gegeben, damit du frei bist und nicht mehr den Selbstversuch der

Erlösung antreten musst. Es ist alles erledigt, es ist vollbracht, wie es Jesus am Kreuz gesagt hat. Durch den Tod und die Auferstehung von Jesus ist die Gnade nicht mehr aufzuhalten. Sie fließt in dein Leben und rückt alles gerade, was nicht gerade ist. Genial oder? Ein unfassbar großes Geschenk, das wir, so oft es nur irgendwie geht, genießen sollten.

DEINE MENSCHLICHE GRENZE KANN
EIN REMINDER FÜR GOTTES GNADE
IN DEINEM LEBEN WERDEN.

Vielleicht hilft es dir auch, wenn du dir einen Liebesbrief von Jesus schreibst. Mitten im Moment des Versagens, der Schwachheit. Frage Jesus, was er in diesem Moment über dich denkt. Lies dafür Psalm 139 durch und lass dir von Jesus Worte geben, die du dir aufschreibst. Lass es zu, dass seine Gnade und Liebe sich in dein Leben schreiben. Nicht weil *du* es total draufhast, sondern weil du *Jesus* hast.

in meinen schwächen

SCHREIBE DIR SELBST EINEN BRIEF VON GOTT MITTEN IM MOMENT DES VERSAGENS UND DER SCHWÄCHE.
LIES DAFÜR PSALM 139 UND LASS DICH VON DIESEN WORTEN INSPIRIEREN.

ICH BIN STARK IN
DEINEN SCHWÄCHEN
– GOTT

1 Herr, du hast mein Herz geprüft und
weißt alles über mich.
2 Wenn ich sitze oder wenn ich
aufstehe, du weißt es. Du kennst alle
meine Gedanken.
3 Wenn ich gehe oder wenn ich
ausruhe, du siehst es und bist mit
allem, was ich tue, vertraut.
4 Und du, Herr, weißt, was ich sagen
möchte, noch bevor ich es ausspreche.
5 Du bist vor mir und hinter mir und
legst deine schützende Hand auf mich.
6 Dieses Wissen ist zu wunderbar für
mich, zu groß, als dass ich es begreifen
könnte!
7 Wohin sollte ich fliehen vor deinem
Geist, und wo könnte ich deiner
Gegenwart entrinnen?
8 Flöge ich hinauf in den Himmel, so
bist du da; stiege ich hinab ins
Totenreich, so bist du auch da.
9 Nähme ich die Flügel der Morgenröte
oder wohnte am äußersten Meer,
10 würde deine Hand mich auch dort
führen und dein starker Arm mich
halten.
11 Bäte ich die Finsternis, mich zu
verbergen, und das Licht um mich her,
Nacht zu werden -

12 könnte ich mich dennoch nicht vor dir
verstecken; denn die Nacht leuchtet so
hell wie der Tag und die Finsternis wie das
Licht.
13 Du hast alles in mir geschaffen und
hast mich im Leib meiner Mutter geformt.
14 Ich danke dir, dass du mich so herrlich
und ausgezeichnet gemacht hast!
Wunderbar sind deine Werke, das weiß
ich wohl.
15 Du hast zugesehen, wie ich im Verborgenen gestaltet wurde, wie ich gebildet
wurde im Dunkel des Mutterleibes.
16 Du hast mich gesehen, bevor ich
geboren war. Jeder Tag meines Lebens war
in deinem Buch geschrieben. Jeder
Augenblick stand fest, noch bevor der
erste Tag begann.
17 Wie kostbar sind deine Gedanken über
mich, Gott!
Es sind unendlich viele.
18 Wollte ich sie zählen, so sind sie
zahlreicher als der Sand! Und wenn ich
am Morgen erwache, bin ich immer noch
bei dir!
19 Gott, wenn du doch nur die Gottlosen
vernichten wolltest! Fort mit euch aus
meinem Leben, ihr Mörder!
20 Sie verhöhnen dich und lehnen sich
gegen dich auf.
21 Sollte ich die nicht hassen, Herr, die
dich hassen, und sollte ich die nicht
verachten, die sich dir widersetzen?
22 Ja, ich hasse sie von ganzem Herzen,
denn deine Feinde sind auch meine
Feinde.
23 Erforsche mich, Gott, und erkenne
mein Herz, prüfe mich und erkenne
meine Gedanken.
24 Zeige mir, wenn ich auf falschen Wegen
gehe, und führe mich den Weg zum
ewigen Leben.

aus deiner kraft

„Ich bin der Weinstock, ihr seid die Reben. Wer in mir bleibt und ich in ihm, wird viel Frucht bringen. Denn getrennt von mir könnt ihr nichts tun."

Johannes 15,5

Einer meiner absoluten Lieblingsverse steht in Johannes 15,5: „Ich bin der Weinstock, ihr seid die Reben. Wer in mir bleibt und ich in ihm, wird viel Frucht bringen. Denn getrennt von mir könnt ihr nichts tun." Dieser Vers hat mich schon häufig daran erinnert, dass ich es erst gar nicht probieren sollte, komplett allein mein Ding zu machen. Ich muss gar nicht erst versuchen, aus eigener Kraft auf einem Frauenevent zu sprechen, die Andacht in der Jugendgruppe zu halten, meine Ehe zu führen, eine gute Tochter oder Schwiegertochter zu sein oder eine gute Freundin. Ohne Jesus werde ich es nicht schaffen, irgendetwas zu tun, das einen bleibenden Wert hat, und das eine bleibende Veränderung in meinem Gegenüber bewirkt, die Leichtigkeit und tiefen Frieden schenkt. Ich bin voll und ganz abhängig davon, dass Jesus durch seinen Geist in meinem Herzen lebt und ich in und aus seiner Liebe lebe.

Meine Liebe hat Grenzen, wenn mein Mann lange Zeit kränkelt und einfach schlecht drauf ist. Meine Bereitschaft, als Jugendleiterin Woche für Woche meine Jugendlichen zu motivieren und inspirieren hat Grenzen, wenn zwei oder drei mir blöd kommen und mich bewusst provozieren. Meine Liebe zu einer Freundin ist so lange top, bis sie mich enttäuscht, vernachlässigt oder anders reagiert, als ich es mir erhofft hatte. Meine Lust, etwas auf Instagram zu posten, ist so lange da, wie genügend Follower meine Seite toll finden und meine Beiträge liken. Und auch meine Liebe zu Gott ist nur so lange heiß, bis ich in eine schwere Leidsituation komme und wieder anfange zu hadern. Alles kommt schnell an seine Grenzen, wenn ich nur aus meinen persönlichen Ressourcen „zapfe". So viel besser und bedeutsamer ist es, aus Jesu Liebe und Kraft heraus zu leben – die Ressourcen zu nutzen, die er uns zur Verfügung stellt.

WENN JESUS SAGT: »BLEIBT IN MEINER LIEBE«, DANN BEDEUTET DAS, DASS WIR IMMER EINEN PLATZ IN SEINEM MEER DER LIEBE HABEN.

Wenn Jesus sagt: „Bleibt in meiner Liebe", dann bedeutet das, dass wir immer einen Platz in seinem Meer der Liebe haben. Wir dürfen umgeben von seiner Liebe sein und aus ihr heraus handeln und anderen Menschen begegnen. Wenn wir aus Gottes unerschöpflicher Liebe schöpfen, dann können wir mit ihr viel weiter gehen, als unsere eigenen Grenzen es jemals zulassen würden. Dann können wir Liebe schöpfen und weitergeben, auch wenn die Beziehung zu den Eltern vielleicht gerade herausfordernd ist. Dann können wir aus seiner Liebe schöpfen und dem Partner Gutes tun, auch wenn wir von seinen Launen genervt sind. Dann können wir treu unseren Dienst als Jugendleiter fortsetzen, auch wenn wir gerade verletzt wurden oder mit eigenen Problemen genug beschäftigt sind und uns eigentlich nichts lieber wünschen, als einfach mal unsere Ruhe zu haben. Gottes Liebe ist das, was unsere eigene Seele heilt, und uns dabei hilft, uns selbst zu lieben und unsere Grenzen anzunehmen. Gottes Liebe ist das, was meinem Nächsten so guttut, weil ich durch sie mehr Liebe geben kann, als ich es von mir heraus je könnte.

Das schönste Geschenk für unsere Umwelt ist, wenn wir gefüllt von Gottes Liebe leben und lieben. Aber das können wir nur geben, wenn wir in Gottes Liebe bleiben und begreifen, wie abhängig wir von seinem Meer der Liebe sind – von seiner Kraft, seiner Gnade, seinem Wirken. Wenn wir etwas in unserem Leben schaffen wollen, was in der Ewigkeit zählt, dann ist das nur durch diese enge Liebesverbindung mit Gott möglich. Denn genau aus ihr schöpfen wir alle Kraft, die wir brauchen.

Dein Step:

mit jedem herzschlag

„Betet ohne Unterlass."
1.Thessalonicher 5,17; LU

Der große Prediger und Gemeindegründer Paulus schrieb in einem Brief an die Gemeinde in Korinth: „Betet ohne Unterlass." Diese Worte fordern uns stark heraus. Ohne Unterlass zu beten – wie soll das gehen? Ist es überhaupt möglich, dass man permanent mit Jesus im Gespräch sein kann? Wie um alles in der Welt soll man es schaffen, ein endloses Gebet zu sprechen? Paulus' Aufforderung scheint utopisch und irgendwie „übertrieben" zu sein. Dabei soll dieser Vers uns eigentlich gar nicht so stressen oder uns regelmäßig ein schlechtes Gewissen verursachen; ich glaube vielmehr, dass dieser Vers eine unfassbar schöne Einladung ist, ununterbrochen mit Jesus verbunden sein zu dürfen. Ununterbrochen in Beziehung mit ihm stehen zu dürfen. Es geht um eine Verbindung, die gehalten wird. Niemand muss „auflegen", niemand muss schnell weg wegen einem Meeting oder einer anderen Verpflichtung. Gott und ich dürfen immer verbunden bleiben. Immer.

Wenn man gerade ganz frisch verliebt ist, und man den Partner erst so richtig kennenlernt, dann will man jeden Moment mit ihm auskosten. Niemals wird einem die gemeinsame Zeit zu lang, und niemals braucht man eine Pause voneinander. Einfach immer zusammen sein – dieser Gedanke erscheint verlockend und wunderschön. Die Herzensverbindung zum anderen wird zu der wichtigsten im Leben, und so investiert man gern jede freie Minute in diese Beziehung. Genauso darf es auch mit Gott sein. Er will unsere Nummer 1, die wichtigste Beziehung in unserem Leben sein – sogar noch wichtiger als unser Partner oder unsere beste Freundin. Er will uns segnen, trösten, herausfordern, ermutigen und stärken. Und er will einfach mit uns sein und die gemeinsame Zeit genießen. Und auch er braucht niemals eine Pause von uns. Von seiner Seite aus kann die Verbindung ununterbrochen weitergehen.

ABER WIE SCHAFFE ICH ES,
UNUNTERBROCHEN DIE VERBINDUNG
ZU IHM AUFRECHTZUHALTEN?

Aber wie schaffe *ich* es, ununterbrochen die Verbindung zu ihm aufrechtzuhalten? Wie kann ich permanent beten, während ich im Büro die Rechnungen prüfen oder einen Patienten gerade medizinisch versorgen soll? Ich denke, dieser Vers ist nicht so gesetzlich zu verstehen, dass man ununterbrochen Worte aneinanderreihen und pausenlos mit Gott sprechen soll. Vielmehr lädt er dazu ein, in eine bestimmte Herzenshaltung zu kommen, in der man durchgehend für Gott „auf Empfang" ist und weiß, dass er ebenfalls zu jeder Zeit erreichbar ist. So kann ich zwischendurch auch scheinbar Belangloses mit ihm teilen, beispielweise wenn ich gerade einen Parkplatz suche oder ein bestimmtes Lebensmittel im unüberschaubar großen Supermarkt, oder wenn ich mit Gott auf den Zug warte oder spät abends auf der Autobahn nach Hause unterwegs bin. Gott ist jederzeit da und erreichbar, und wir dürfen und sollen jederzeit die Verbindung mit ihm aufnehmen.

Adam Stadtmiller schreibt in seinem Buch „100 Elefanten", dass er ständig im Gebet war für diverse Anliegen. Immer und immer wieder. Irgendwann erlebte er, dass er schon betete, ohne sich bewusst dafür entscheiden zu müssen. Sein Herz fing an, automatisch Kontakt zu Gott aufzunehmen. Wenn Gebet für uns so natürlich zum Leben dazugehört wie Essen, Trinken oder Instagram, dann verselbstständigt sich unser Gebet irgendwann und wir leben diese Verbindung zu Gott in einer großen Freiheit. Es ist ein Lifestyle, der alle Ebenen durchdringen kann: unseren Alltag, unser Sein, unser ganzes Leben.

Viele Menschen beten auch das sogenannte Herzensgebet oder auch Jesusgebet. Immer wieder beten sie in der Stille: „Herr Jesus Christus, erbarme dich meiner." Diesen Satz lehnen sie an die Atmung an, sodass man immer wieder beim Ein- und Ausatmen diesen Satz bete: Einatmen: „Herr Jesus Christus". Ausatmen: „Erbarme dich meiner". Oder andere beten und atmen mit: „Du in mir und ich in dir." Die ständige Wiederholung dieses einen Satzes schenkt einen ganz neuen Fokus auf Jesus. Je nachdem, welcher Gedanke einem wichtiger erscheint, kann man ihn immer wieder innerlich vor sich hin sagen und so die Gemeinschaft mit Jesus noch bewusster erfahren.

Eine andere Weise, das „Gebet ohne Unterlass" zu üben, hatte eine frühere Arbeitskollegin von mir für sich entdeckt. Sie hatte so eine Art Wecker, der alle zehn Minuten piepte. Jedes Piepen nutzte sie als Erinnerung und Einladung, Kontakt mit Gott aufzunehmen und sich wieder bewusst mit ihm zu verbinden. Auch wenn diese Variante für die Familie oder die Freunde vielleicht nervig sein kann, so kann sie dennoch (für eine gewisse Zeit) ein Weg sein, um regelmäßig das Gespräch mit Jesus zu suchen.

Spannend finde ich auch, dass einem die Sache mit dem permanenten Gebet erschreckend groß vorkommt, wenn man nur drüber nachdenkt. Aber angewandt im Leben wirkt dieses Gebet nicht mehr wie eine Last, sondern wie ein großes Geschenk. Ständig *darf* ich mit meinem Papa im Himmel verbunden sein, reden und leben. So schön!

Dein Step:

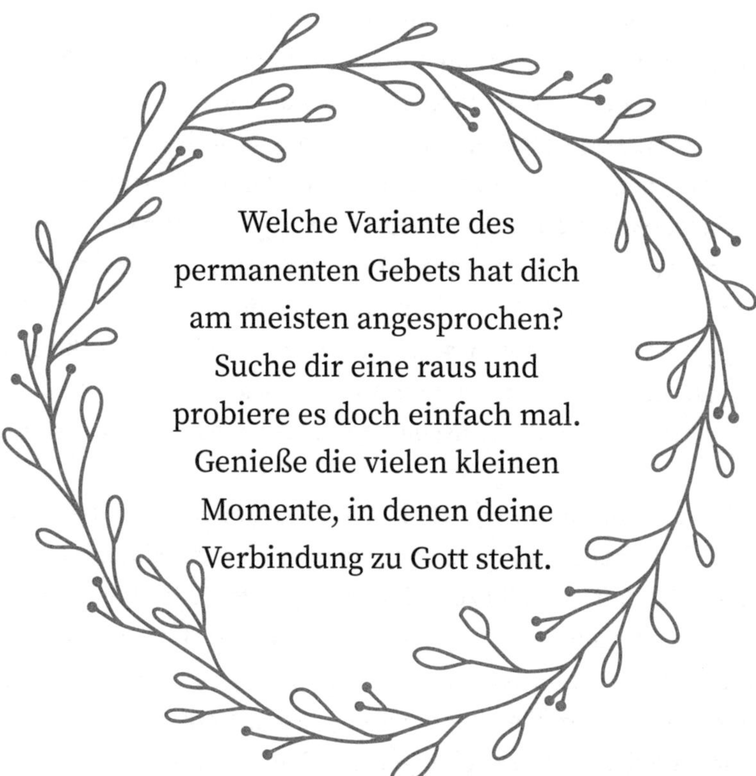

Welche Variante des permanenten Gebets hat dich am meisten angesprochen? Suche dir eine raus und probiere es doch einfach mal. Genieße die vielen kleinen Momente, in denen deine Verbindung zu Gott steht.

DU IN MIR UND

ICH IN DIR.

große themen KLEIN ANFANGEN

EIN PAAR IDEEN:

- [ ] FAMILIE
- [ ] FREUNDE
- [ ] KIRCHE
- [ ] NACHBARSCHAFT
- [ ] POLITIKER
- [ ] VERFOLGTE CHRISTEN
- [ ] MENSCHEN, DIE KRANK SIND
- [ ] MENSCHEN IN KRISENGEBIETEN

ES GIBT SO VIELE DINGE, FÜR DIE MAN BETEN KANN.
ABER WOMIT SOLL MAN ANFANGEN BEI ALL DEN PROBLEMEN, KRISEN UND KRIEGEN
NIMM DIR DOCH MAL EIN THEMA FÜR JEDEN WOCHENTAG VOR

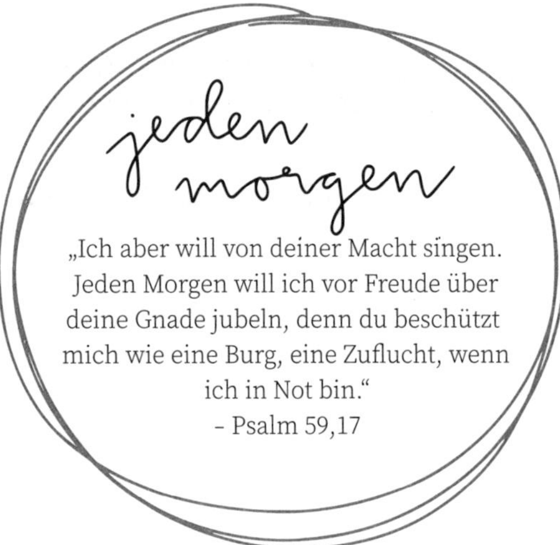

„Ich aber will von deiner Macht singen. Jeden Morgen will ich vor Freude über deine Gnade jubeln, denn du beschützt mich wie eine Burg, eine Zuflucht, wenn ich in Not bin."
- Psalm 59,17

MIT WELCHEN GEDANKEN UND MIT WELCHEM BEWUSSTSEIN WILLST DU MORGENS IN DEINEN TAG STARTEN?

WAS IST DEINE IDENTITÄT?

WAS GLAUBST DU?

WAS KANN DEIN GOTT?

WAS IST DEINE BERUFUNG?

WOFÜR BIST DU DANKBAR?

„Diese Frage sind übrigens nicht mal kurz in fünf Minuten zu beantworten. Ehrlich gesagt glaube ich, dass wir unser ganzes Leben brauchen, um diese Frage zu beantworten. Mein Morgengebet ändert sich also auch ständig und ist total abhängig davon, in welcher Lebensphase ich stecke." - Mira

hallo Tag

MEIN MORGENGEBET

KÄLBCHEN SIND WIEDERKÄUER.
UND SO WIE KÄLBCHEN IHR GRAS IMMER WIEDER KAUEN, GIBT ES DINGE IN MEINEM LEBEN, FÜR DIE ICH IMMER WIEDER BETEN MAG. HIER KANNST DU MAL DEINE EIGENEN KÄLBCHENGEBETE FORMULIEREN:

„In meinen Kälbchengebeten geht es um Dinge, die mich täglich beschäftigen, die ich mir wünsche oder um meine Schwächen. Gerade habe ich sieben Kälbchengebete, das ändert sich aber auch hin und wieder. Jedes Gebet besteht nur aus einem oder zwei Sätzen und ich bete sie jeden Tag einmal. So lange, bis sich etwas verändert hat.“ – Mira

MEINE

kälbchen-gebete

meine woche –
DEINE WOCHE

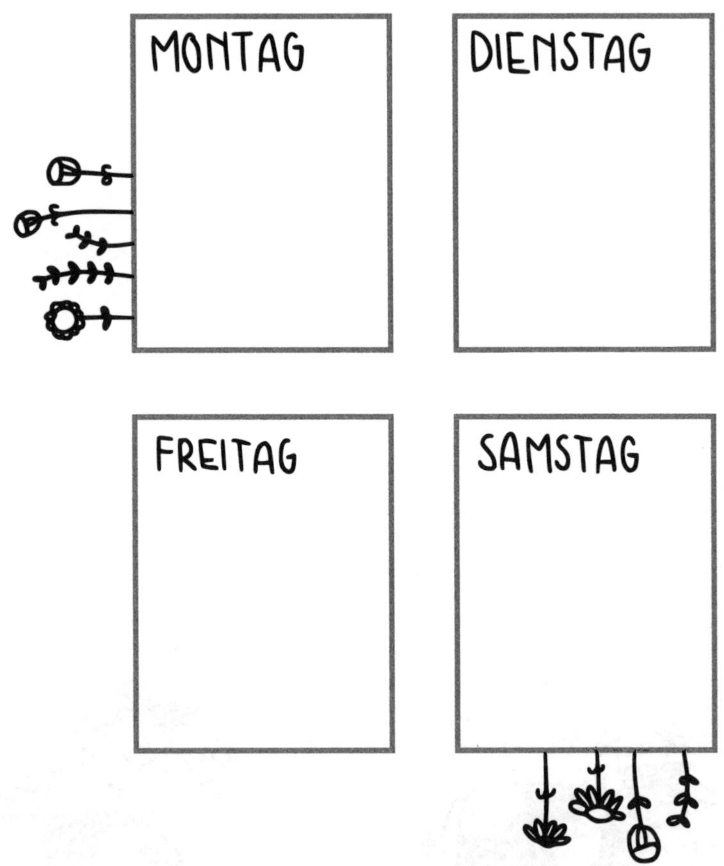

HIER IST PLATZ, UM FÜR DEINE BEVORSTEHENDE WOCHE ZU BETEN. FÜR ALLE TERMINE, BEGEGNUNGEN, GLÜCKS- UND ÜBERFORDERUNGSMOMENTE.
STATT IM VORAUS KANNST DU DAS GLEICHE NATÜRLICH AUCH RÜCKBLICKEND MACHEN.

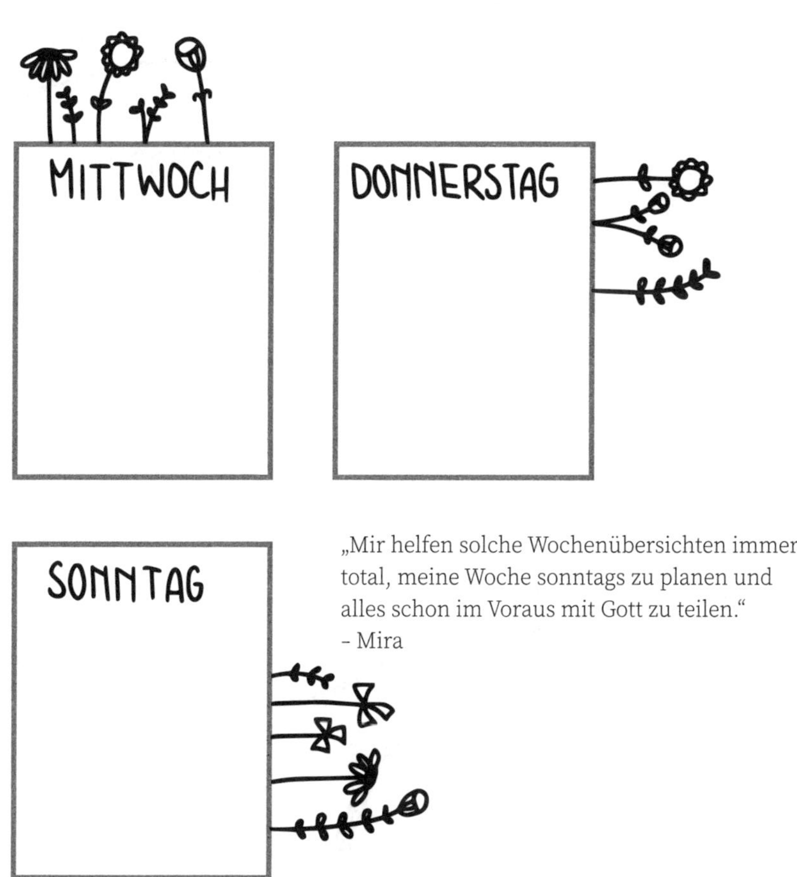

„Mir helfen solche Wochenübersichten immer total, meine Woche sonntags zu planen und alles schon im Voraus mit Gott zu teilen.“
- Mira

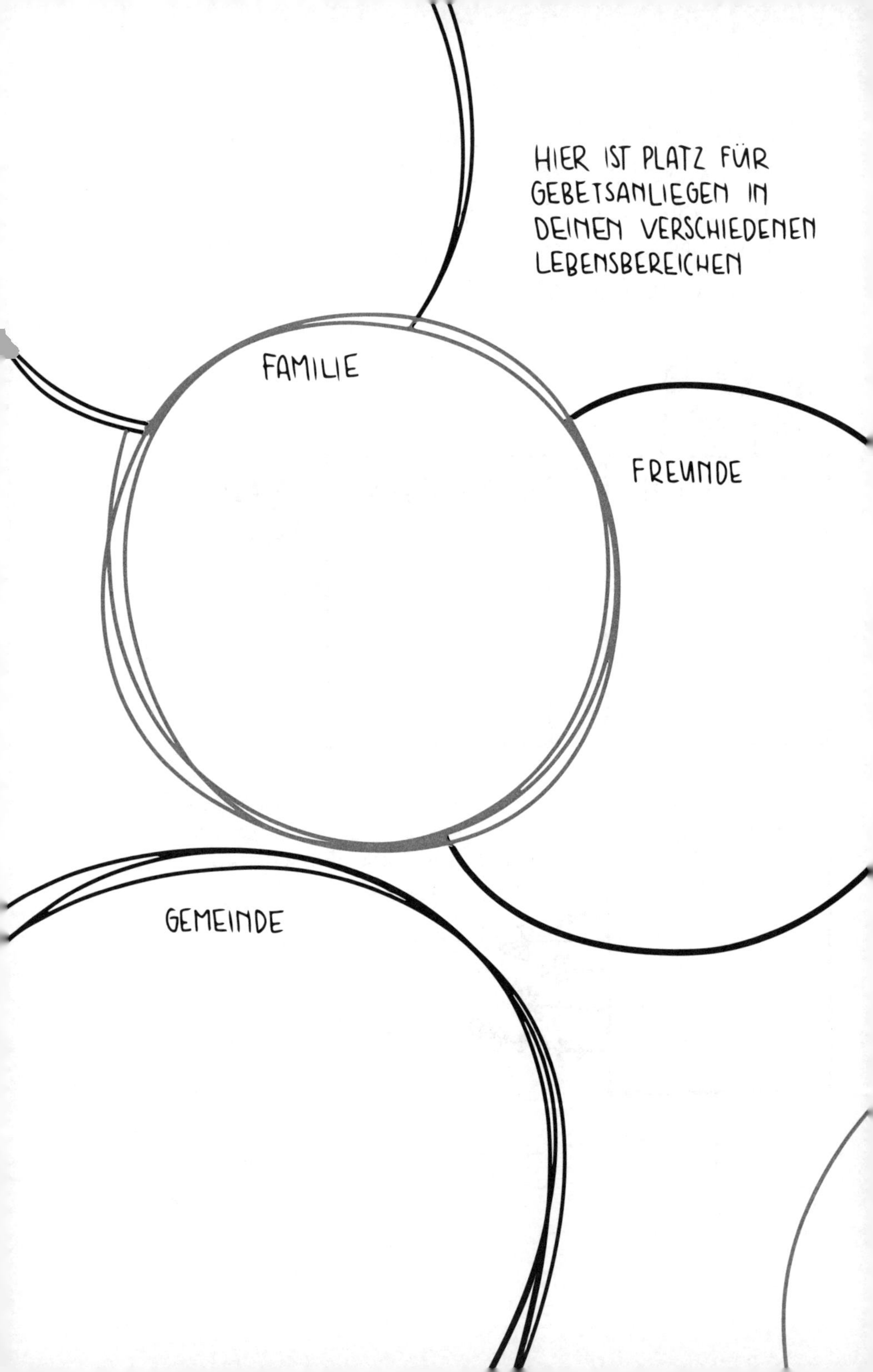
HIER IST PLATZ FÜR GEBETSANLIEGEN IN DEINEN VERSCHIEDENEN LEBENSBEREICHEN
FAMILIE
FREUNDE
GEMEINDE

du –

IN JEDEM BEREICH MEINES LEBENS.

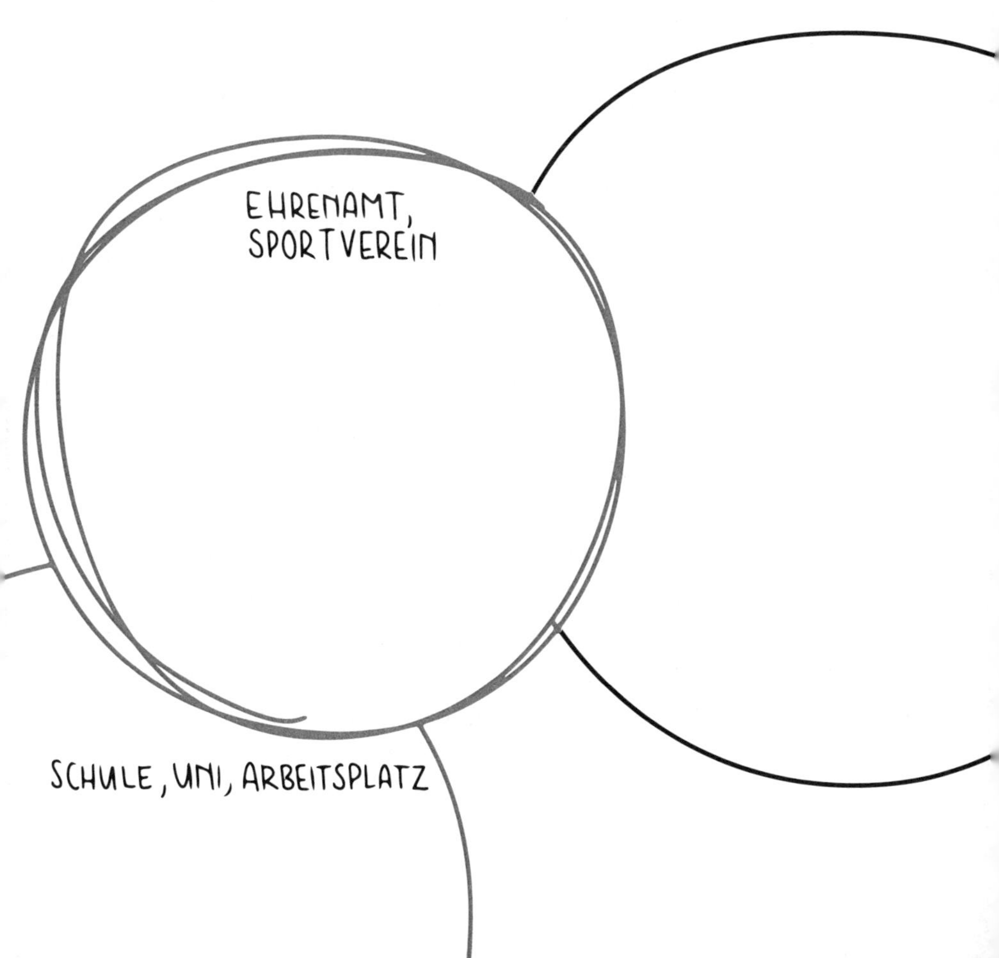

du lässt mich tanzen

„David und das ganze Volk Israel tanzten begeistert vor dem Herrn, sie sangen und spielten auf Zithern, Harfen, Tamburinen, Rasseln und Zimbeln."
2. Samuel 6,5

Gott hat uns Menschen mit einem wunderbaren Körper geschaffen, der so viele Fähigkeiten hat. In unserem Land, in dem es eher steifer zugeht, weil das Denken stärker im Vordergrund steht, und nicht allzu viel Wert auf Bewegung und Tanzen gelegt wird, spielt auch das Tanzen im christlichen Kontext eine eher untergeordnete Rolle. Wir ehren Gott in unserem Herzen, mit unserem Mund und bestenfalls mit unserem ganzen Leben. Beim Lobpreis ehren wir ihn dann ein wenig durch leichte Bewegung und Händeheben – wenn überhaupt. Ansonsten findet das Bewegen des Körpers, geschweige denn das Tanzen, in unserem Glaubensleben kaum statt. Einige sind sogar so geprägt, dass Tanzen per se als Sünde abgestempelt wird. Ja, vielleicht kann man das auch verstehen, wenn man den Kontext dieser Christen kennt und ihr ehrenwertes Anliegen dahinter sieht, dass niemand durch anzügliche Bewegungen des Körpers in Versuchung geführt werden soll.

Die Bibel fordert uns nicht an sonderlich vielen Stellen zum Tanzen auf, so wie sie es bei Themen wie Danken und Vertrauen tut. Dennoch gibt es in der Bibel einige Stellen, die davon berichten, wie Menschen fröhlich und ausgelassen tanzen – beispielweise als König David mit dem Volk Israel die Bundeslade erfolgreich zurückgeholt hat. Überglücklich darüber, dass die Lade des Herrn wieder bei ihnen ist, fangen alle an zu tanzen. Sämtliche Instrument werden herbeigeholt, um mit Musik und Tanz die tiefe Herzensfreude zum Ausdruck zu bringen. Ja, die tiefe innere Freude geht über in äußere Bewegung und Tanz. Was für ein schönes Bild: 30 000 Menschen sind überglücklich und beginnen deshalb, zur Ehre Gottes zu tanzen! In meiner Gemeinde hätte man vermutlich gemeinsam geklatscht, um Gott die Ehre zu geben. Aber Tanzen ist vom Ausdruck her noch mal viel stärker als Klatschen: Der ganze Körper beginnt, Gott anzubeten!

DER GANZE KÖRPER BEGINNT
GOTT ANZUBETEN.

Während meines zweiwöchigen Missionseinsatzes in Tansania vor zwei Jahren habe ich noch mal mehr begriffen, wie wunderschön Tanzen zur Ehre Gottes sein kann. Bei den afrikanischen Christen steckt das Tanz-Gen offensichtlich in ihrer DNA. Wenn Musik erklingt, fangen viele von ihnen fast automatisch an, sich zu bewegen und zu tanzen. Die Freude wird einfach unfassbar schön zum Ausdruck gebracht. Ich selbst bin so geprägt worden, dass Tanzen eher abgelehnt wurde, aber ich habe in den letzten Jahren immer mehr entdeckt, dass ich mich unglaublich gerne zur Musik bewege. Ich liebe es, meine Augen zuzumachen, Gott Lieder zu singen, und mich dazu zu bewegen. Dabei tanze ich keine schönen Figuren oder irgendwelche Choreographien, noch achte ich sonst irgendwie darauf, dass es schön aussieht, was ich da mache – aber ich tanze zur Ehre Gottes. Ich spüre dabei, dass die Texte eines Liedes mein Herz berühren, und dass das wiederum meinen Körper in Bewegung bringt. In diesen Momenten bleibt dann kaum noch Platz für schwere Gedanken oder Sorgen. Dann bin ich einfach nur bei Gott und genieße seine Gegenwart.

Dein Step:

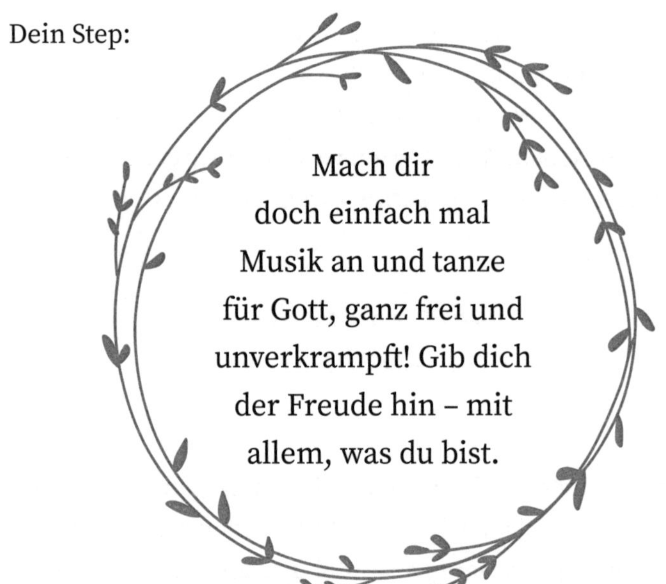

schritte wagen

„Du gibst meinen Schritten weiten Raum, und meine Knöchel wanken nicht.“

2. Samuel 22,37; LU

Immer wieder stehen wir vor dieser Weggabelung: Vertrauen wir oder vertrauen wir nicht? Vielleicht ist gerade eine Beziehung zerbrochen, und die Last der Situation will uns herunterdrücken. Oder wir sind arbeitslos und auf der Suche nach einem neuen Job, aber irgendwie öffnet sich keine Tür. Vielleicht fühlen wir uns in unserem Wohnort nicht mehr wohl und wollen irgendwo anders ganz neu beginnen, aber wissen nicht wo. Wir haben den Eindruck, dass wir in der Enge der Situation ersticken und dass die Wand der Angst immer näherrückt und uns bedrängt. Was tun wir in solchen Momenten?

Ich versuche in solchen Momenten oft, irgendwie nach Sicherheit zu suchen, nach etwas, das mich durch diese neblige Situation hindurchführen kann. Ich strenge meinen Kopf an, um eine Lösung zu finden und zu analysieren, wohin meine Reise am besten gehen sollte. Ich gehe innerlich die Liste der Menschen durch, die mich gut kennen und mir einen guten Rat geben oder sogar auch schon Teil der Lösung sein könnten, und suche dringend nach irgendwelchen Anhaltspunkten, die mir helfen könnten. Im Fall einer Jobsuche beginne ich beinahe schon panisch, mich zu bewerben, um möglichst schnell wieder in Sicherheit zu kommen. Ich will sofort wieder auf den grünen Zweig kommen und eine Festanstellung haben. Die Zeit der Unsicherheit ist für mich kaum auszuhalten und ich schäme mich dafür, ohne Job dazustehen. *Was werden die Leute denken? In einer Zeit, in der doch alle erfolgreich sein müssen und brillante Leistung erbringen sollten, ist eine Zeit der Arbeitslosigkeit doch ein absolutes „No-Go“, oder nicht?*

Diese herausfordernden Momente im Leben, in denen wir einfach keine klare Richtung erkennen können, sind jedoch sehr wichtig für uns und unseren Glauben. Denn sie offenbaren die Substanz unseres Glaubens: Vertrauen wir wirklich darauf, dass Jesus uns trägt und sicher führen wird? Oder vertrauen wir viel eher unserem Kontostand, unserem eigenen Können und Denken, womit wir eine Lösung schaffen wollen?

Tatsache ist: Unser menschliches Denken führt uns oft in eine ziemlich falsche Richtung. Wenn wir mit unserem eigenen Vermögen eine Lösung gestalten, ist sie oft nicht so gut, wie sie vielleicht hätte sein können, wenn „der Chef" die Sache in die Hand genommen hätte. Ich verstehe immer mehr, dass ich einfach nicht in Gottes Kopf schauen und selbst die beste Lösung für mich erahnen kann. Stattdessen erkenne ich an, dass Gott an den Knotenpunkten meines Lebens eine so viel größere Klarheit und eine so viel schönere Vision für mich hat, als ich es jemals haben könnte. Ich darf meine Ängste loslassen, zuversichtlich „auf Gottes Zug aufspringen" und dann gespannt sein, wohin mich die Reise führen wird. Das Ziel werde ich schon noch erfahren, wenn ich Gott jetzt einfach erst mal vertraue. Wenn ich vertrauensvoll meine eigenen Pläne loslasse und *seine* Pläne zulasse. Wenn ich *ihn* anschaue und mich nicht an meinen eigenen Vorstellungen festklammere.

Wenn du also in einer scheinbar ausweglosen Situation bist und vor einem Knotenpunkt in deinem Leben stehst, dann sprich laut aus, dass du Jesus trotz Nebel und Chaos vertrauen willst.

„Jesus, ich will dir vertrauen."

Diesen Satz kannst du immer wieder aussprechen. Ja, sag Jesus, dass du ihm vertrauen willst und bereite dich darauf vor, einen Schritt aufs Wasser zu wagen. Sag ihm, dass er dir dabei helfen soll, ihm zu vertrauen. Rede mit ihm, ohne ein Blatt vor den Mund zu nehmen. Sag diese Worte laut, schrei sie vielleicht auch einfach mal in den Wald hinaus. Sprich diesen Satz so oft aus, bis es wirklich in deinem Herzen angekommen ist, dass du auf Gottes Zug springen und nicht mehr länger verzweifelt auf deinem Zettel voller Pläne nach einer eigenen Lösung suchen willst. Gott weiß so viel besser, was gut für dich ist, und wie sich deine Situation zum Positiven verändern kann.

Wenn du dann spürst, dass dein Vertrauen wächst und immer mehr Ruhe in dein Herz kommt, kannst du deinen Gebetssatz auch verstärken, indem du sagst:

„Jesus, ich *werde* dir vertrauen."

ICH WERDE DIR VERTRAUEN.

Sprich diesen Satz laut über deine Situation aus. Hebe deinen Blick auf Jesus und löse ihn von deiner aktuellen Situation, die dir Sorgen bereitet. Mit Jesus bist du in Sicherheit und er meint es gut mit dir. Vielleicht schaffst du es dann auch irgendwann zu sagen:

„Jesus, ich vertraue dir."

Werde ruhig im Vertrauen auf ihn. Werde still in seiner Gegenwart. Werde ruhig im Sturm und ruhig im Chaos. Und dann geh gemeinsam mit Jesus deinen Schritt aufs Wasser. Jesus hat einen guten Plan und er wird seine Vision für deine Zukunft entfalten.

Lass dich überraschen, wie er die Situation für dich klären wird.

WERDE RUHIG IM STURM,
WERDE RUHIG IM CHAOS.

schritte wagen

IN WELCHEN BEREICHEN
WILLST DU GOTT MEHR VERTRAUEN?

WO WILLST DU IHM DIE KONTROLLE ÜBERLASSEN?

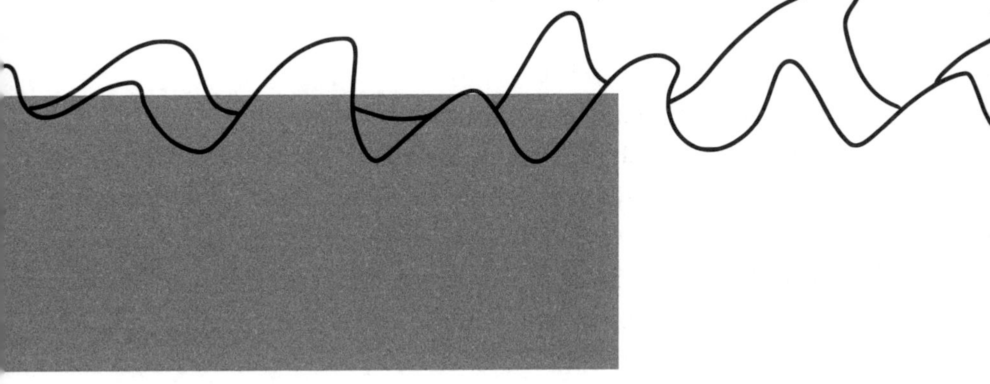

MATTHÄUS 14, 24-31

„24 Währenddessen hatte sich das Boot weit vom Ufer
entfernt und war in schweren Seegang geraten, denn
ein starker Wind war aufgekommen.
25 Gegen drei Uhr morgens kam Jesus über das
Wasser zu ihnen.
26 Als ihn die Jünger sahen, schrien sie entsetzt auf,
denn sie hielten ihn für einen Geist.
27 Doch Jesus sprach sie sogleich an: »Es ist gut«,
sagte er. »Ich bin es! Habt keine Angst.«
28 Da rief Petrus ihm zu: »Herr, wenn du es wirklich
bist, befiehl mir, auf dem Wasser zu dir zu kommen.«
29 »Dann komm«, sagte Jesus. Und Petrus stieg aus
dem Boot und ging über das Wasser, Jesus entgegen.
30 Als er sich aber umsah und die hohen Wellen
erblickte, bekam er Angst und begann zu versinken.
»Herr, rette mich!«, schrie er.
31 Sofort streckte Jesus ihm die Hand hin und hielt
ihn fest. »Du hast nicht viel Glauben«, sagte Jesus.
»Warum hast du gezweifelt?«“

lass mal hören

„Und der Herr trat zu ihm und rief wie zuvor: „Samuel! Samuel!" Samuel antwortete: „Sprich, dein Diener hört."

1. Samuel 3,10

Lange Zeit waren meine Gebete eher Selbstgespräche als Dialoge. Irgendwie wurde ich so geprägt, dass Gebet immer *mein* Weg ist, um mich Gott mitzuteilen, und die Bibel *Gottes* Weg, um sich mir mitzuteilen. Ich redete zu Gott, wenn ich betete, und er redete, wenn ich in der Bibel las. Und nein – das ist auch nicht falsch. Es ist richtig, dass Gott zu mir reden kann und will, während ich in der Bibel lese. Und ja, ich rede zu Gott, wenn ich bete, aber eben nicht nur. Wenn ich einfach nur meine Anliegen herunterplappere, „Amen" sage und mich dann gleich wieder aus dem Gespräch mit Gott verabschiede, habe ich nicht begriffen, dass Gott wirklich lebendig ist und selbst jede Menge Worte und Gedanken hat, die er mir mitteilen möchte.

Im Laufe der letzten Jahre habe ich begriffen, dass Gebet kein Selbstgespräch ist, sondern tatsächlich ein Austausch mit meinem Papa im Himmel. Was nicht bedeutet, dass ich Gott immer höre, aber ich habe verstanden, dass Gott wirklich zu mir reden will – und manchmal höre ich ihn dann tatsächlich ganz deutlich.

Ich erinnere mich an einen Moment, in dem ich seine Stimme ganz klar gehört habe. Wie genau ich sie gehört habe, kann ich dir ehrlich gesagt gar nicht erklären. Es war keine akustisch hörbare Stimme, die eine echte Stimmfarbe hatte, oder sich irgendwie menschlich anhörte; vielmehr war es ein Gedanke, der ganz eindeutig nicht von mir war, und in meinem Kopf immer größer wurde. Ich hätte damals alles dafür getan, um diesen Gedanken nicht zu haben.

Er wirkte alles andere als logisch und beinhaltete so gar nicht das, was ich mir gewünscht hatte. Aber ich hörte ihn in meinem Kopf laut und deutlich. Gott sprach an diesem Tag deutlich zu mir, dass ich einen Menschen in meinem Leben loslassen sollte. Ich wollte es nicht hören, aber hörte es trotzdem unmissverständlich.

Ein anderes Mal „hörte" ich Gott, indem er mir eine tiefe Klarheit in mein Herz hineinlegte, dass ich den Mann, den ich erst an diesem Abend kennengelernt hatte, später einmal heiraten würde. Ja, auch das war eine klare Botschaft von Gott, und ich könnte noch mehrere solcher Momente aufführen.

Je mehr ich über Gottes konkretes Reden in meinem Leben nachdenke, desto mehr begreife ich, dass wir es wirklich mit einem lebendigen Gott zu tun haben. Er lebt und bewegt sich, denkt und fühlt. Er ist das pure Leben. Das überströmende und überfließende Leben. Die Quelle allen Lebens. Er ist der Inbegriff von Leben und allem, was dazugehört: Schönheit, Glück, Zufriedenheit, Liebe, Hoffnung. Und genau mit diesem lebendigen Gott dürfen wir sprechen und eine Beziehung haben, in der wir auch immer wieder zuhören dürfen – und sollten. Mittlerweile habe ich es mir immer mehr angewöhnt, dass ich im Gebet nicht mehr wie ein Wasserfall rede und Gott nur „zutexte", sondern immer wieder bewusst Pausen lasse, in denen ich einfach nur hinhöre. Hinhöre, was er mir sagen will. Zeiten, in denen ich Gott Fragen stelle, und dann auch bewusst hinhörc, ob er mir eine Antwort geben will. Am Anfang kommt es dir vielleicht komisch vor, Gott so konkret nach etwas zu fragen und dann einfach mal zu schweigen und auf Antwort zu warten, obwohl du seine Stimme nicht wirklich hören kannst. Dann ist es wichtig, dass du um einen tiefen Frieden für dein Herz bittest. Es braucht meist einen tiefen inneren Frieden, um Gottes Stimme von all den 1000 anderen Stimmen in unserem Leben zu unterscheiden und sie als Gottes Stimme zu erkennen. Warte in der Stille, bis dein Herz ruhig ist und du bei Gott zur Ruhe gekommen bist. Und dann sprich mit deinem himmlischen Vater, stell ihm Fragen und höre hin. Aber mache den „Erfolg deines Gebets" auf keinen Fall davon abhängig, ob du Gottes Reden nun klar hörst oder nicht. In erster Linie geht es beim Gebet darum, Zeit mit ihm zu verbringen. Das allein ist schön und wertvoll.

ICH WEIẞ, DASS GOTT NICHT
AUF ALLE FRAGEN DIREKT
EINE ANTWORT GEBEN WILL.

Als ich anfing, mehr auf Gott zu hören, war ich immer wieder ziemlich frustriert, weil Gott irgendwie nicht gesprochen hat – oder ich ihn zumindest nicht richtig gehört oder verstanden habe. Mittlerweile bin ich jedoch wesentlich entspannter, was das angeht. Ich weiß, dass Gott nicht auf alle Fragen direkt eine Antwort geben will. Manchmal muss ich auch mal eine längere Zeit warten, bis ich verstanden habe, was er mir sagen will. Aber manchmal weiß ich nach einem Gebet, in dem ich Gott bewusst Zeit zum Antworten gegeben habe, was ich nun tun soll. Dann spüre ich plötzlich einen starken Frieden in mir oder sehe plötzlich klarer auf die Situation, weil Gott meine Sicht aufgeklart hat. Ich lerne es auch immer mehr, über meine Fragen nicht zuerst mit meinem Mann zu sprechen, sondern mit ihnen direkt zu Gott zu gehen. Er hat den viel besseren Überblick als jeder Mensch in meinem Leben – ja, selbst als mein Ehemann – und kann mir deshalb die besten Tipps geben.

In der Bibel lesen wir von vielen Situationen, in denen Gott zu Menschen gesprochen hat. Zum Beispiel denke ich an den kleinen Samuel, der sich gerade in seiner Ausbildung zum Priester befand, und bei Eli, der bereits Priester war, lebte. Gott rief Samuel dreimal in derselben Nacht – aber er erkannte die Stimme Gottes nicht, bis ihn Eli darauf hinwies, dass das nächtliche Rufen nicht von ihm, sondern von Gott kam. Als Gott Samuel dann noch einmal rief, antwortete Samuel: „Sprich, dein Diener hört" (1. Samuel 3,10).

Samuel lernte es, auf Gottes Stimme zu hören, und so wurde seine Beziehung zu Gott vertrauensvoller und enger.

lass mal hören

DAS MUSS ICH VON
GOTT WISSEN:

BETE MAL ACHT TAGE FÜR DIESE
FRAGE UND SCHREIBE DIREKT DANACH
DIE GEDANKEN, DIE DIR DAZU
IN DEN KOPF KOMMEN, AUF:

DANN FRAG MAL NOCH
ZWEI FREUNDE,
OB SIE DAS GLEICHE FÜR DICH
MACHEN KÖNNEN.

1
2
3
4
5
6
7
8

ICH GLAUBE, WIR KÖNNEN RICHTIGE
DIALOGE MIT GOTT FÜHREN. VERRÜCKT ODER?
ABER GOTT SPRICHT. OFT AUF EINE GEHEIMNISSVOLLE ART:
DURCH GEDANKEN ODER GEFÜHLE.
FRAG IHN ODER ERZÄHL IHM DOCH MAL ETWAS.
UND DANN HÖR HIN. ER HAT ZU ALLEM WAS ZU SAGEN.

ICH:

GOTT:

ICH:

GOTT:

ICH:

GOTT:

dein wort verstehen

„Ich will deinen Willen gerne tun, mein Gott, denn dein Gesetz ist tief in mein Herz geschrieben.“
Psalm 40,9

Als Künstlerin mag ich es sehr, mit anderen Menschen über ihre Kunst ins Gespräch zu kommen. Ich mag es, einen Singer-Songwriter zu fragen, was die Geschichte hinter seinem Song ist, oder von einer Autorin zu erfahren, welche Inspiration sie zu ihrem Roman hatte. Warum spielt er ausgerechnet in der Zeit des 18. Jahrhunderts und welchen Bezug hat sie selbst zu dieser Zeit? Oder ich möchte einen Maler fragen, welche Gefühle er mit seinem Kunstwerk ausdrücken wollte, und welche Stelle er auf dem Bild ganz besonders gelungen findet. Ja, ich liebe es zu hören, was die Urheber dieser Kunstwerke auf dem Herzen hatten und was ihre Hoffnungen und Wünsche während des Schaffensprozesses waren. Am schönsten ist es, wenn man dann über das Kunstwerk und noch über ganz andere Themen ins Gespräch kommt. Es ist toll, Kunst wirken zu lassen, und dann über sie zu reden und zu philosophieren.

Auch Gott ist ein Künstler – in vielerlei Hinsicht. Was auf der Hand liegt: Er hat mit der Erschaffung der Welt ein unglaubliches, riesiges Kunstwerk geschaffen. Ein Kunstwerk aus unterschiedlichen Materien, Systemen, Gefühlen, Geräuschen, Farben, Bewegungsabläufen und Zusammenspielen. Ein Kunstwerk, das mit seiner Fertigstellung nicht erstarrte und gänzlich abgeschlossen war, sondern lebt und sich in einem dynamischen Prozess immer weiterentwickelt. Ja, Gott hat seinem Kunstwerk Leben eingehaucht, sodass durch seine Kunst Lebendigkeit weht und echtes Leben freigesetzt wird. Er hat uns Menschen nach seinem Ebenbild erschaffen und uns damit die

Freiheit gegeben, selbst zu entscheiden, zu entwickeln, zu schaffen und zu gestalten. Wow, das ist überwältigend!

KEIN BUCH DER WELT TRÄGT MEHR INSPIRATION, ERMUTIGUNG, STÄRKUNG UND HERAUSFORDERUNG IN SICH ALS DIE BIBEL.

Genauso ist Gott ein Autor und auch in diesem Handwerk ein überragender Künstler. Sein Buch, die Bibel, ist der Longseller und Bestseller schlechthin. Kein Buch der Welt hat bisher so stark polarisiert und wurde so oft gelesen. Kein Buch der Welt trägt mehr Inspiration, Ermutigung, Stärkung und Herausforderung in sich als die Bibel. Gott trifft mit seinem Werk den Puls aller Zeiten, und es wird niemals ein Werk geben, das der Bibel ihren ewigen ersten Platz in den Bestsellerlisten streitig machen wird. Unfassbar! Ein ewiger Bestseller!

Und dieses großartige Werk steht uns zur Verfügung – sogar in mehrfachen Ausführungen. Nun könnten wir diesen Bestseller so lesen, als ob der Autor tot wäre. Bei anderen Büchern ist es vielleicht auch so, oder der Autor ist zumindest nicht in unserer Reichweite, sodass wir uns nicht persönlich mit ihm über sein Werk austauschen können. Wir müssen unsere offenen Fragen also ignorieren oder an anderer Stelle nach Antworten suchen. Genauso können wir auch beim Lesen der Bibel unsere Fragen zum Text ignorieren oder irgendwo anders als bei ihrem Autor nach Antworten recherchieren. Wir könnten zum Beispiel irgendwo im Google-Universum nachlesen, warum Jesus Petrus dreimal fragt, ob er ihn liebt, oder aber wir lesen in Bibelkommentaren und theologischen Auslegungen nach. Und natürlich ist auch nichts gegen echtes Bibelstudium einzuwenden – nein, natürlich nicht.

Es gibt so viele gute Bibelkommentare und Theologen, die sehr hilfreiche Erklärungen und Auslegungen geschrieben haben, und damit den Bibellesern die Möglichkeit geben, auch schwierige Zusammenhänge zu verstehen und den Kontext, in dem ein Bibeltext steht, besser nachvollziehen zu können. Aber neben all diesen guten Hilfestellungen können wir auch mit dem Autor selbst in Kontakt treten. Denn: Er lebt. Er ist mit uns – egal ob wir gerade in der Bibel lesen oder nicht. Er ist jederzeit ansprechbar und für ein Gespräch über sein Wort zu haben. Und es freut ihn hundertprozentig, wenn wir mit ihm über seinen Bestseller ins Gespräch kommen.

Ich gebe ehrlich zu, dass meine Vorstellung von mir als einer leidenschaftlichen Bibelleserin, wie ich sie inzwischen sein müsste, und der Realität leider ziemlich auseinandergehen. Ich weiß, wie kraftvoll die Bibel ist, durch die Gott zu uns sprechen kann und will. Ich weiß, wie kraftvoll es ist, sich mit der göttlichen Wahrheit in ihr auseinanderzusetzen und die Geschichte mit Gott und den Menschen tiefer zu verstehen. Deshalb mache ich mich immer wieder auf den Weg, um in Gottes Wort nach Schätzen zu graben. Immer wieder breche ich auf, um meinen Gott durch die Bibel noch besser kennenzulernen. Ich freue mich über jeden neuen Aufbruch im Glauben, jedes Bibelaufschlagen, jedes hungrige Lesen und Recherchieren. Und ich bin traurig über die Momente, in denen es mir weniger gelingt. Dennoch wächst meine Liebe zur Bibel und mein Respekt vor diesem Bestseller immer mehr.

IMMER WIEDER BRECHE ICH AUF, UM MEINEN GOTT DURCH DIE BIBEL NOCH BESSER KENNENZULERNEN.

In einer meiner „heißen“ Bibellesephasen lud ich Jesus konkret ein, mich doch beim Bibellesen zu begleiten. An einer Stelle kam ich im Text nicht weiter. Irgendwie verstand ich einfach nicht, was mir dieser Vers sagen sollte. Also fragte ich Gott einfach: „Gott, ich verstehe diese Worte nicht. Wie kann ich sie auf mein eigenes Leben übertragen?“ Ich fragte mit einer tiefen Sehnsucht, einem großen

Hunger im Herzen – und Gott antwortete. Er schlüsselte diesen Vers für mich auf und plötzlich fiel es mir wie Schuppen von den Augen. Ich verstand auf einmal ganz tief drin, was er mir mit dieser Stelle sagen wollte. Ich war selbst überrascht, wie detailliert Gott mir diesen Vers erklärt und wie er meine Gedanken geführt hatte. Ich will nicht, dass sich das hier wie Hokuspokus anhört oder wie ein spektakuläres Wunder. Es ist nicht spektakulär, wenn Gott auf unsere Gebete reagiert, schließlich ist Gott lebendig und er liebt es, wenn wir uns mit seinem Wort auseinandersetzen. Warum sollte er uns dann nicht dabei helfen, es besser zu verstehen?

Gott ist die Quelle aller Weisheit und Wahrheit. Die Worte der Bibel sind aus ihm selbst entsprungen und von ihm durch verschiedene Menschen auf Papyrus und anderen Materialien gebracht worden. Mit diesem Gott können wir Gemeinschaft haben und in einer engen Beziehung leben. Daher ist es eigentlich doch nur völlig normal, dass ich beim Lesen der Bibel auch Gemeinschaft mit ihm habe, ihm direkt Fragen stelle oder für einen Vers danke, der mich ganz tief berührt, oder?

Dein Step:

Lies die Bibel und geh mit Gott darüber ins Gespräch. Vertraue darauf, dass Gott dir liebend gern dabei hilft, ihn durch sein Wort immer besser zu verstehen und kennenzulernen.

lectio divina

„Simon, Sohn des Johannes, hast du mich lieb?“
Johannes 21,17

Natürlich kannst du beim Bibellesen auch noch mal tiefer in den Text gehen. Dazu hat mich die unfassbar gute Romanreihe von Sharon Garlough Brown über die „Vier Frauen auf einer Glaubensreise“ inspiriert. Immer wieder gibt es Stellen im Buch, an denen man eingeladen wird, die sogenannte „Lectio Divina“ zu praktizieren. Das ist im Grunde nichts anderes, als beim Bibellesen wirklich still zu werden, und dann betend in den Bibeltext einzutauchen und ihn auf sich wirken zu lassen. Dabei lässt man sich so stark auf die Geschichte ein, dass man sich vorstellt, man wäre mitten im Geschehen, mitten in der Situation.

LECTIO DIVINA LÄDT DAZU EIN,
STILL ZU WERDEN UND IN
DIE BIBLISCHE SZENE EINZUTAUCHEN.

Lectio Divina hilft dabei, nicht einfach mal schnell über einen Bibeltext „drüber zu lesen“ – schnell, unkonzentriert und flüchtig, weil man ihn vielleicht schon zig Mal im Leben gelesen und gehört hat. Die Lectio Divina lädt dazu ein, still zu werden, in die biblische Szene einzutauchen und dann gedanklich wirklich in den Reihen der Jünger zu sitzen, Jesus am Brunnen zu begegnen, die Atmosphäre nachzuempfinden, Gefühle zuzulassen – und hautnah mitzuerleben, wie er Wunder tut. Was würde man selbst in dieser Situation denken, fühlen oder sagen? Wie würde mich persönlich die Geschichte, die ich gerade lese, verändern und prägen, wenn ich live dabei gewesen wäre? Was würde ich lernen und begreifen?

Manchmal bekomme ich zu hören, dass Menschen diesen Umgang mit der Bibel „fremd“ und „seltsam“ finden. Sie stellen infrage, ob es richtig ist, wenn man Fantasie zulässt, um einen besseren Zugang zu der biblischen Situation zu bekommen. Ich kann dazu nur sagen: Ja, absolut! Indem ich mich auf diese Weise intensiv mit der Situation befasse, konzentriere ich mich ganz auf den Bibeltext und lasse es zu, dass ich die darin enthaltene Wahrheit noch tiefer begreife und in mir aufnehme. Die Lectio Divina ist eine Chance, wie ich mich nicht nur mit meinem Kopf, sondern auch mit meinem Herzen auf den Bibeltext und damit auf die Botschaft Gottes einlassen kann. Probier es doch selbst mal aus!

BETEND BIBEL LESEN

JOHANNES 21,15-19

15 Nach dem Frühstück sagte Jesus zu Simon Petrus: »Simon,
Sohn des Johannes, liebst du mich mehr als die anderen?«
Petrus erwiderte: »Ja, Herr, du weißt, dass ich dich lieb habe.«
Jesus sagte: »Dann weide meine Lämmer.«
16 Jesus wiederholte die Frage: »Simon, Sohn des Johannes,
liebst du mich?« Petrus antwortete: »Ja, Herr, du weißt, dass
ich dich lieb habe.« Jesus sagte: »Dann hüte meine Schafe.«
17 Noch einmal fragte er ihn: »Simon, Sohn des Johannes,
hast du mich lieb?« Petrus wurde traurig, weil Jesus die Frage
zum dritten Mal stellte, und sagte: »Herr, du weißt alles. Du
weißt, dass ich dich lieb habe.« Jesus sagte: »Dann weide
meine Schafe.
18 Ich versichere dir: Als du jung warst,
konntest du tun, was du wolltest, und hingehen, wo es dir
gefiel. Doch wenn du alt bist, wirst du deine Hände
ausstrecken, und ein anderer wird dich führen und
hinbringen, wo du nicht hingehen willst.«
19 So deutete Jesus an, auf welche Weise Petrus sterben
würde, um Gott damit zu verherrlichen. Dann forderte Jesus
ihn auf: »Folge mir nach.«

STELL DIR VOR, DU WÄRST PETRUS.
WAS WÜRDEST DU DENKEN UND FÜHLEN,
WÄHREND JESUS MIT DIR SPRICHT?

WIE WIRKT JESUS IN DIESEM MOMENT AUF DICH?

WAS WÜRDEST DU ANTWORTEN,
WENN JESUS DIR DIESE FRAGE STELLEN WÜRDE?

WAS WÜRDE ES FÜR DICH BEDEUTEN,
DIE LÄMMER ZU WEIDEN?

WAS FORDERT DICH AN DIESEM TEXT HERAUS?

raus in die schöpfung

„Am Anfang schuf Gott den Himmel und die Erde."
1. Mose 1,1

Die ganze Schöpfung atmet Lebendigkeit, die Gott schenkt. Gott lädt uns dazu ein, jederzeit in seine Schöpfung hineinzutreten und sie zu genießen. Oft laufen wir vielleicht ganz unbedacht durch die Feldwege und Straßen – vorbei an den schönsten Bäumen, Blumen und Sträuchern. Vielleicht haben wir sogar Musik im Ohr, sodass wir sämtliche Naturgeräusche verpassen und wie in einem Tunnel sind. Was würde passieren, wenn wir die Ohrstöpsel mal aus unserem Ohr ziehen würden, um für einen Moment ganz in Gottes Schöpfung einzutauchen und sie mit allen Sinnen zu genießen? Wenn mir sprichwörtlich die Decke auf den Kopf fällt, ich gerade in einer schwierigen Situation stecke, oder wenn ich einfach mal auf andere Gedanken kommen will, dann gehe ich gerne raus. Raus in die Natur, in die Schöpfung Gottes, in das wilde Grün. Das habe ich schon immer gerne gemacht. Meine wunderschönsten Freiheitsmomente habe ich draußen erlebt – beim Liegen auf einer Blumenwiese, beim Stampfen durch den Wald, beim Wandern durch grüne Täler, beim tiefen Einatmen der frischen Bergluft oder beim Entspannen im Strandkorb, während ich aufs Meer blickte und seinem Rauschen lauschte.

MEINE WUNDERSCHÖNSTEN FREIHEITSMOMENTE HABE ICH WOHL DRAUßEN ERLEBT.

In der Natur spüre ich die Lebendigkeit, die in allem steckt. Ich fühle mich Gott so nah, der das alles auf wundervolle Weise erdacht und kreiert hat, und ich erkenne in der Schöpfung seine Liebe zum Detail, seine grenzenlose Kreativität und Fantasie und sein Geschick, mit unterschiedlichen Formen, Mustern und Materialien zu spielen. In dieser herrlichen Schöpfung kann ich meine Alltagssorgen loswerden und sie von der frischen Brise wegtragen lassen. Ich darf ankommen bei meinem Schöpfer. Frei, unbeschwert und froh.

Während ich draußen bin, suche ich bewusst den Kontakt mit Gott. Manchmal genieße ich einfach nur die Stille mit ihm und schicke ihm ein dankbares Lächeln. Ein anderes Mal nehme ich die farbenprächtige Schönheit Gottes ganz tief in mir auf und gebe ihr Raum, bis sie meine Seele fröhlich stimmt. Ein anderes Mal hilft es mir, einfach einen Fuß vor den anderen zu setzen und mich körperlich weiterzubewegen, während ich in meinem Leben vielleicht gerade durch meine Herausforderungen einen gefühlten Stillstand erlebe. Ich mache mir dabei bewusst, dass ich im Vertrauen auf Gott weitergehe und dass ich mit jedem neuen Schritt unterstreiche: Es geht voran! Das hilft mir, sodass sich der Frust vielleicht schon nach kurzer Zeit verringert oder ganz aufgelöst hat und neues Vertrauen in meinem Herzen aufblühen kann.

DIE SCHÖPFUNG SAGT SO VIEL
ÜBER DEN CHARAKTER UND
DAS HERZ GOTTES AUS.

Für einen Gebetsspaziergang brauche ich kein bestimmtes Thema, aber ich kann mir natürlich trotzdem eine Sache bewusst vornehmen, über die ich intensiver mit Gott reden möchte. Gebetsspaziergänge gehen übrigens auch wunderbar in einer Gruppe, wie ich es schon einige Male erleben durfte. Aber auch allein wird es einem nie langweilig in der Natur. Wie wäre es denn, wenn du beim nächsten Spaziergang nicht nur die Schönheit der Schöpfung genießt, sondern in ihr auch die Eigenschaften Gottes entdeckst? Da sind zum Beispiel die großen, massiven Bäume im Wald, die einen erahnen lassen, wie erhaben und mächtig Gott ist. Bei ihm bist du sicher und kannst dich ausruhen. Genieße den Moment, in dem du über diese Eigenschaft Gottes nachdenkst. Oder das klare Wasser eines herrlich plätschernden Baches, das dich daran erinnern kann, dass Gott deine Seele und dein Leben immer wieder erfrischen will. Dass er dich reinigen will von Sorgen, Sünden und allen negativen Dingen. Er will dir durch seinen Heiligen Geist überfließendes Leben geben, „Ströme des lebendigen Wassers", wie es in der Bibel heißt, das von dir dann auch zu anderen Menschen überfließen kann. Genieße das Plätschern des Baches und freue dich darüber, dass der Heilige Geist in dir wohnt. Oder schau dir die Eichhörnchen an, die ganz verspielt auf dem Waldboden und die Bäume hoch hüpfen. Zeigen sie nicht, dass Gott einen Sinn für Humor hat? Gott freut sich daran, wenn wir Freude im Leben haben. Wenn wir miteinander spielen, Spaß haben, lachen, einfach unbeschwert das Leben genießen. Wir müssen nicht ständig an unsere Sorgen und Lasten denken – vielmehr dürfen wir vertrauensvoll Freude im Leben suchen. Die Schöpfung sagt so viel über den Charakter und das Herz Gottes aus! Und vor allem ist die Schöpfung mit all den Pflanzen, Tieren, Bergen und Gewässern einfach so überwältigend, so wunderschön! Und wir Menschen dürfen uns die Krone dieser Schöpfung nennen! Wir sind es, mit denen Gott Gemeinschaft haben will, und wir sind es, für die er seinen Sohn Jesus auf diese Welt geschickt hat, damit dieselbe Gemeinschaft zwischen Mensch und Gott wiederhergestellt werden kann wie damals im Garten Eden. Denke doch mal darüber nach, wie wertvoll du in den Augen Gottes bist! Sicherlich gibt es noch unglaublich viel mehr, was wir durch das bewusste Erleben der Schöpfung über Gott lernen können, aber ich bin mir sicher: Wenn wir Gott einladen, mit uns in seiner Schöpfung unterwegs zu sein, dann nimmt er diese Einladung gerne an und schenkt uns noch ganz viele schöne Aha-Momente.

Dein Step:

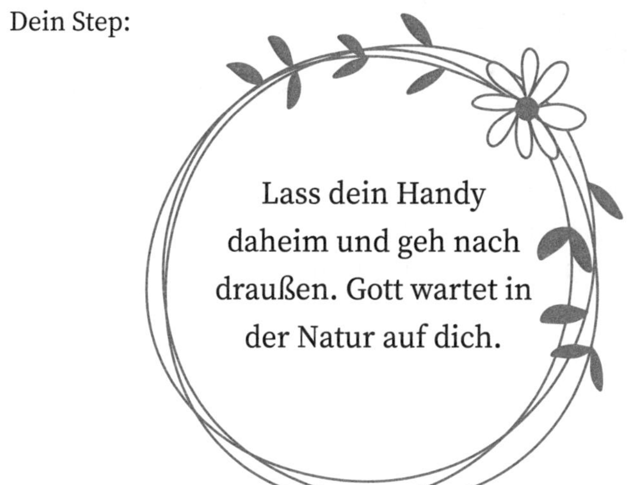

WENN DEIN KOPF EINFACH NUR VOLL IST UND DU 1000 GEDAKEN IM KOPF HAST, DIE ALLE DURCHEINANDER TANZEN – DANN BRING DAS ALLES EINFACH ZU GOTT.

ICH BIN MITTEN
IN DEINEM
GEDANKENCHAOS.
– GOTT

mittendrin

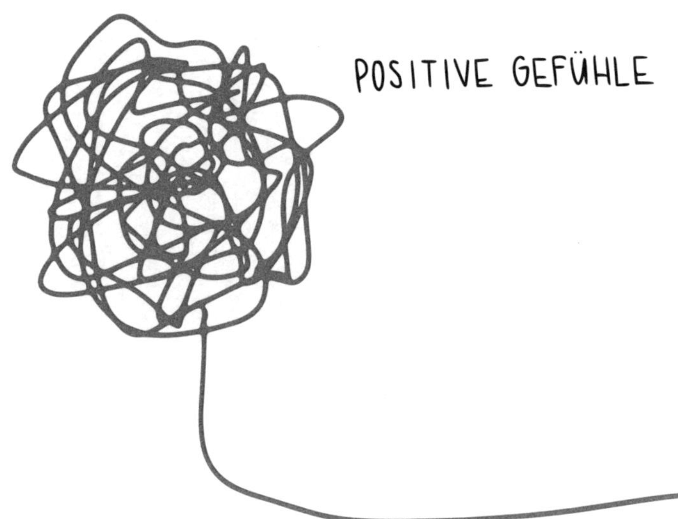

NEGATIVE GEFÜHLE

jesus, ich bete,
dass du mein
herz ruhig machst.

gefühls-chaos

BEI JESUS IST PLATZ FÜR ALLE GEFÜHLE.

CHAOS-GEFÜHLE

ICH KENNE UND VERSTEHE DICH.
– GOTT

WAS SIND GERADE TÄLER* IN DEINEM LEBEN?

* ANSTRENGENDE, KRAFTRAUBENDE MOMENTE

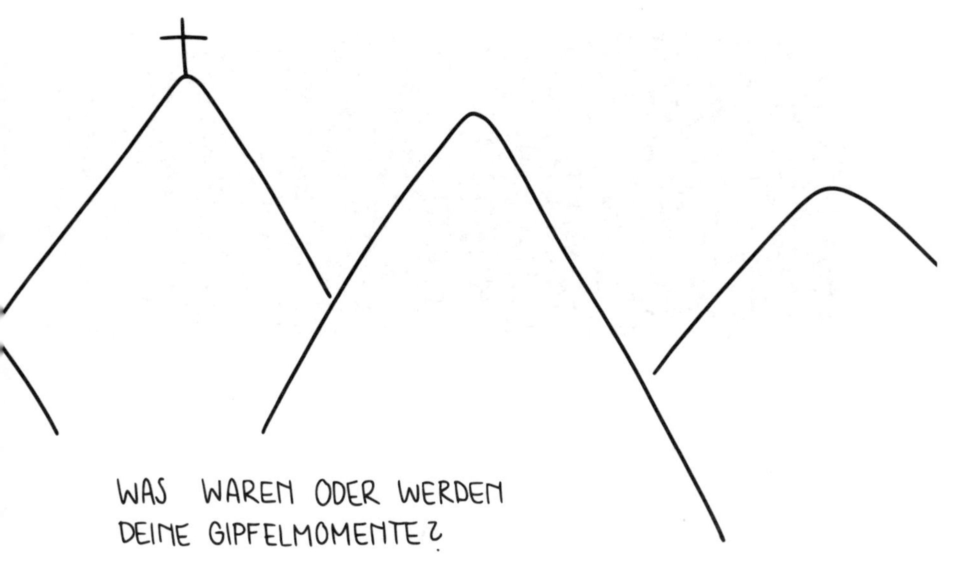

ICH GEHE MIT DIR
DURCH JEDES TAL.
– GOTT

ICH WERDE FÜR
DICH SORGEN.
- GOTT

WAS MACHT DIR
GERADE SORGEN?

„Schaut die Vögel an. Sie müssen weder säen noch ernten noch Vorräte ansammeln, denn euer himmlischer Vater sorgt für sie. Und ihr seid ihm doch viel wichtiger als sie."

- Matthäus 6, 26

sorgenfrei

mir fehlen die worte

„Darum sollt ihr so beten: Unser Vater im Himmel!“

Matthäus 6,9; LU

Vor rund zwei Jahren arbeitete ich bei einem christlichen Jugendprojekt, das ganz unterschiedliche Medien für Jugendliche herausbringt. Wir publizierten zum Bespiel ein tolles Printmagazin, machten einiges auf Social Media und – ganz wichtig – kreierten unsere eigene App. Jeder Abonnent bekam täglich einen Mini-Impuls auf sein Handy, und konnte ihn nutzen, um mit Gott ins Gespräch zu kommen. Eine Rubrik in der App hieß „Mir fehlen die Worte“. Von dieser Rubrik war ich ein ganz besonderer Fan und ich liebte es, Gebete zu ganz verschiedenen Themen für sie zu schreiben. Auf den nächsten Seiten findest du zwei dieser Gebete, die du gerne auch selbst mal beten kannst. Diese Gebete wurden von vielen Jugendlichen gerne genutzt. Was die Stärke von diesen Gebeten war?

Nun, ich denke, dass es Momente im Leben gibt, in denen man einfach keine Worte hat. Man fühlt sich einfach leer und kann keinen Satz im Glauben aussprechen oder irgendwelche Worte finden, um Gott zu begegnen. Gott hört auch das Schweigen – keine Frage –, aber manchmal ist es hilfreich, vorformulierte Sätze zu nutzen, um die Funkstille zwischen dir und Gott zu beenden und wieder beten zu können. Auch fremde Sätze können einem aus dem Herzen sprechen, die Leere in uns mit Worten füllen und uns ganz neu beleben. Man kann sich in gewisser Weise einfach an die Autoren des Textes „hängen“. An die Worte eines Menschen, der Gott gerade im Glauben begegnet und an ihn seine Herzensworte richtet. Seine Worte können zu meinen eigenen Worten werden. Sein Glaube und sein Vertrauen können mich inspirieren, auch selbst wieder mit neuem Mut zu glauben.

AUCH FREMDE SÄTZE KÖNNEN EINEM
AUS DEM HERZEN SPRECHEN,
DIE LEERE IN UNS MIT WORTEN FÜLLEN
UND UNS GANZ NEU BELEBEN.

Ja, in schwierigen Phasen können solche vorformulieren Gebete wirklich helfen. Manchmal helfen sie aber auch direkt nach dem Aufstehen, wenn man noch nicht ganz wach und vielleicht noch zu müde zum Denken und Wortefinden ist. Auch dann können geschriebene Gebete die eigenen Gedanken anleiten. Man bekommt einen neuen Fokus und kommt besser in den Tag hinein. Vielleicht gibt es auch Sünden oder irgendwelche unguten Bereiche im Leben, die einem gar nicht so richtig bewusst sind, und von sich aus käme man überhaupt nicht auf die Idee, diese Themen im Gebet mit Gott zu besprechen. Durch die vorgeschriebenen Gebete wird man jedoch plötzlich sensibel dafür und erkennt, wo Gott noch Veränderung und Heilung schenken will.

Was auch immer der Grund für deine fehlenden Worte ist – vorgeschriebene Gebete können dir helfen und dich ganz tief ermutigen. In der Bibel finden wir ebenfalls ein paar sehr bekannte Gebete, die wir nachsprechen können. Da ist beispielweise das „Vater unser“ oder auch der Psalm 23. Mein Mann und ich haben es uns zur Gewohnheit gemacht, an markanten Stellen in unserem Leben gemeinsam das „Vater unser“ zu beten. Fast jedes Mal, wenn wir uns zunicken und mitten in großer Freude oder auch in tiefer Trauer den Eindruck haben, genau in diesem Moment das „Vater unser“ beten zu sollen, kommen mir die Tränen. Es berührt mich zutiefst, diese bekannten und schon so oft gesprochenen Worte an Gott zu richten – dieses uralte Gebet, das schon milliardenfach in den Himmel aufstieg von so vielen Generationen vor uns. Nun dürfen auch wir dieses Gebet sprechen und unseren Papa im Himmel mit den wunderschönen Worten „Vater unser im Himmel" ansprechen. Wir verbinden uns damit also mit vielen anderen Christen weltweit – mit unserer großen, christlichen Familie. Das mag ich sehr.

DIESES URALTE GEBET,
DAS SCHON MILIARDENFACH IN DEN HIMMEL AUFSTIEG
VON SO VIELEN GENERATIONEN VOR UNS.

Ich bin mir sicher, dass durch dieses Gebet sowie durch viele andere vorformulierten Gebete Menschen Worte für ihre eigenen Gedanken und Gefühle gefunden haben, wo vorher keine Worte waren. Und ich habe es selbst schon viele Male erlebt, dass mich vorformulierte Gebete tief berührt und ermutigt haben. Worte haben Kraft – egal, ob wir diese Worte gerade selbst gewählt haben, oder ob wir uns die Worte von anderen Menschen zu eigen machen.

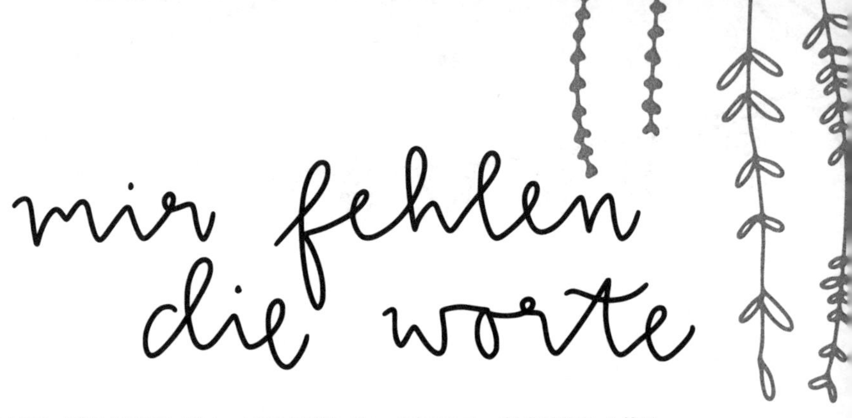

HIER FINDEST DU VORFORMULIERTE GEBETE VON NELLI FÜR SITUATIONEN, IN DENEN DIR DIE WORTE FEHLEN.

MEINE ZWEIFEL

Lieber Vater, ich weiß es und habe es schon 1001 Male gehört, dass du mich liebst. Habe dir auch schon 1001 Male dafür Danke gesagt. Ich will dir auch jetzt noch einmal Danke sagen, weil du meinen Dank wert bist.
Ich habe es nicht verdient und werde wohl niemals ganz erfassen, was für ein unendlich großes Wunder es ist, dass du, Jesus Christus, auf mich zugegangen bist. Danke!
Doch manchmal gibt es diese Momente … diese gefühlt langen, tristen Momente, in denen deine Liebe an meinem Herzen abprallt, ich dich nicht spüre und dich nicht sehe.
Diese Momente sind schrecklich. Ich könnte dann nur heulen.
Wo bist du? Und warum zeigst du dich mir nicht?
Warum erscheinst du mir so weit weg, als würdest du dich hinter den Sternen verstecken?
Warum bleibst du manchmal so unerreichbar für mich?
Manchmal habe ich das Gefühl, ich falle und falle und du bist nicht da. Doch ich will in diesen Momenten dir meinen Hilfeschrei schicken. Dir ehrlich und aufrichtig sagen, dass du mir fehlst und ich dich vermisse. Ich brauche dich, Gott!
Ich brauche deine Gegenwart! Ich brauche deine Liebe! Ohne dich kann und will ich nicht leben.
Ich liebe dich. Amen.

MEIN FRIEDEN

Jesus, ich komme zu dir. Mein Herz ist so aufgewühlt und so belastet. So viele Gedanken, die in meinem Herzen toben. So viele Fragen und so wenig Antworten. Begegne meinem Herzen mit deiner wärmenden Liebe und deiner Nähe.
Ich brauche gerade jetzt deine Fürsorge und deine Hilfe.
Du weißt, was mein Herz so unruhig gestimmt hat und was mich letzte Nacht kaum schlafen gelassen hat. Du weißt, was mich so nachdenklich und traurig und irgendwie fragend stimmt. Ich will diesen Unfrieden nicht mehr haben und sehne mich sehr nach deiner Ruhe und deinem Frieden.
Ja, ich weiß, dass du selbst der Friedefürst bist, der der Welt Frieden verspricht, und du selbst der Welt deinen Frieden anbietest. Du bietest Frieden jedem Menschen an, der dich darum bittet, und der erkennt, dass nur du wahren und echten Frieden schenken kannst. Du kennst dich aus mit aufgewühlten Seelen und belasteten Herzen: Schon so viele Menschen sind in diesen Momenten zu dir gekommen und haben um deinen Frieden gebeten - um den Frieden, der größer ist als der Verstand. Ich muss da gerade an David denken, der in seinen harten Momenten nach dir geschrien und nach deiner Gegenwart gelechzt hat. Er brauchte dich so dringend und du bist ihm begegnet und du hast immer und immer wieder sein Herz sattgemacht und sein Herz ruhig werden lassen. „Er erquicket meine Seele", sagt er in Psalm 23. Du hast seine Seele erfrischt und ihm gutgetan.
Du hast seiner Seele die Unruhe genommen.
Du hast ihm Zuversicht und Ruhe geschenkt.
Und deswegen werde ich auch im Gebet auf deinen Frieden warten – so lange, bis du mir den Frieden geschenkt hast.
Ich brauche deinen Frieden. Bitte – bitte begegne mir in Liebe und Freundlichkeit und schenke mir deinen Frieden.

amen

psalm 23

1 Der Herr ist mein Hirte, ich
habe alles, was ich brauche.
2 Er lässt mich in grünen Tälern
ausruhen, er führt mich zum
frischen Wasser.
3 Er gibt mir Kraft. Er zeigt mir
den richtigen Weg um seines
Namens willen.
4 Auch wenn ich durch das dunkle
Tal des Todes gehe, fürchte ich
mich nicht, denn du bist an
meiner Seite. Dein Stecken und
Stab schützen und trösten mich.
5 Du deckst mir einen Tisch vor
den Augen meiner Feinde. Du
nimmst mich als Gast auf und
salbst mein Haupt mit Öl. Du
überschüttest mich mit Segen.
6 Deine Güte und Gnade begleiten
mich alle Tage meines Lebens,
und ich werde für immer im
Hause des Herrn wohnen.

WENN DU KEINE WORTE ZUM BETEN HAST, DANN BETE DOCH EINFACH MAL MIT DIESEN TEXTEN AUS DER BIBEL

psalm 91

1 Wer im Schutz des Höchsten lebt, der findet
Ruhe im Schatten des Allmächtigen.
2 Der spricht zu dem Herrn: Du bist meine
Zuflucht und meine Burg, mein Gott, dem ich
vertraue.
3 Denn er wird dich vor allen Gefahren
bewahren und dich in Todesnot beschützen.
4 Er wird dich mit seinen Flügeln bedecken,
und du findest bei ihm Zuflucht. Seine Treue
schützt dich wie ein großer Schild.
5 Fürchte dich nicht vor den Angriffen in der
Nacht und habe keine Angst vor den Gefahren
des Tages,
6 vor der Pest, die im Dunkeln lauert, vor der
Seuche, die dich am hellen Tag trifft.
7 Wenn neben dir auch Tausende sterben,
wenn um dich herum Zehntausende fallen,
kann dir doch nichts geschehen.
8 Du wirst es mit eigenen Augen sehen, du
wirst sehen, wie Gott die Gottlosen bestraft.
9 Wenn der Herr deine Zuflucht ist, wenn du
beim Höchsten Schutz suchst,
10 dann wird das Böse dir nichts anhaben können,
und kein Unglück wird dein Haus erreichen.
11 Denn er befiehlt seinen Engeln, dich zu
beschützen, wo immer du gehst.
12 Auf Händen tragen sie dich, damit du deinen Fuß
nicht an einen Stein stößt.
13 Löwen und giftige Schlangen wirst du
zertreten, wilde Löwen und Schlangen wirst
du mit deinen Füßen niedertreten!
14 Der Herr spricht: »Ich will den erretten, der
mich liebt. Ich will den beschützen, der auf
meinen Namen vertraut.
15 Wenn er zu mir ruft, will ich antworten. Ich
will ihm in der Not beistehen und ihn retten
und zu Ehren bringen.
16 Ich will ihm ein langes Leben schenken und
ihn meine Hilfe erfahren lassen.«

VATER UNSER

IM HIMMEL,

GEHEILIGT WERDE DEIN NAME.

DEIN REICH KOMME.

DEIN WILLE GESCHEHE,

WIE IM HIMMEL,

SO AUF ERDEN.

UNSER TÄGLICHES BROT GIB UNS HEUTE.

UND VERGIB UNS UNSERE SCHULD,

WIE AUCH WIR VERGEBEN UNSEREN SCHULDIGERN.

UND FÜHRE UNS NICHT IN VERSUCHUNG,

SONDERN ERLÖSE UNS VON DEM BÖSEN.

DENN DEIN IST DAS REICH

UND DIE KRAFT

UND DIE HERRLICHKEIT

IN EWIGKEIT.

AMEN.

SCHREIBE DAS VATERUNSER
DOCH MAL IN DEINEN EIGENEN
WORTEN NEBEN DIE ZEILEN.

mit allen sinnen

„Schmecket und sehet, wie freundlich der Herr ist."
Psalm 34,9; LU

Ich liebe es, dass wir Menschen mit ganz unterschiedlichen Sinnen sind. Wir können sehen, hören, riechen, schmecken und fühlen (tasten). Je mehr wir alle diese Sinne bewusst gebrauchen, desto intensiver nehmen wir einen Moment wahr und behalten ihn besser in Erinnerung. Deswegen glaube ich auch, dass wir mit all unseren Sinnen beten können. Wir können mit unseren Sinnesorganen Schönes aufnehmen und Gott von ganzem Herzen für die Sinneseindrücke in diesen Momenten danken. David fordert uns sogar ganz explizit dazu auf, wenn er schreibt: „Schmecket und sehet, wie freundlich der Herr ist" (Psalm 34,9). Je achtsamer wir für Gottes Güte im Alltag sind und sie auch mit unseren Sinnesorganen wahrnehmen, umso natürlicher und leidenschaftlicher wird uns Lob über unsere Lippen kommen. Schließlich bietet uns das Leben unbeschreiblich viele Momente an, über die wir uns freuen können. Ich will uns heute so gerne dazu einladen, Gottes Freundlichkeit zu schmecken und zu sehen – auf jede mögliche Weise!

Schmecke, wie gut Gott ist. Wir haben so viele Geschmacksknospen auf der Zunge, die Gott uns geschenkt hat, damit wir all das Köstliche schmecken können – zum Beispiel den lockeren, cremigen Käsekuchen mit einem guten Kaffee. Mh … lass dir das gedanklich mal ganz bewusst auf der Zunge zergehen! Oder ein gutes Stück Zartbitterschokolade. Wenn du das nächste Mal etwas Leckeres isst, schmecke und genieße in vollen Zügen. Und schmecke dadurch auch die Freundlichkeit Gottes. Ich glaube, Gott freut sich, wenn wir etwas mit ihm gemeinsam genießen. Er hat uns den Geschmackssinn gegeben, damit wir genießen können. Also schmecke, wie freundlich Gott ist. Und danke ihm für den Genussmoment.

Sieh, wie gut Gott ist. Öffne deine Augen ganz bewusst für die Schönheit in der Natur, für deine Lieblingsblumen auf dem Tisch, für das schöne Wetter, für das tolle Ambiente im Café. Und öffne deine Augen auch für die Schönheit deiner Freunde, deiner Familie, auch von dir selbst. Sieh, wie freundlich Gott ist. Und danke ihm dafür.

Rieche, wie gut Gott ist. Rieche den frischen Kaffeeduft am Morgen, das gute Parfüm, dein Haar, wenn du gerade aus der Dusche kommst, das leckere Essen, den Duft von frisch gebackenem Brot, der sich in der Wohnung verteilt, oder rieche den Geruch der frischen Buchseiten, wenn du ein Buch zum ersten Mal aufschlägst. Rieche, wie gut Gott ist.

Höre, wie gut Gott ist. Höre das Rauschen der Wellen, wenn du im Strandkorb sitzt. Höre deinen Lieblings-Song, der grad im Radio gespielt wird. Höre das Gezwitscher der Vögel, wenn der Frühling beginnt.

Fühle, wie gut Gott ist. Fühle die Umarmung von einer lieben Freundin oder deinem Partner. Fühle die Frühlingssonne, deren Strahlen dein Gesicht berühren, das warme Wasser, wenn du ein Bad nimmst, die weiche Bettdecke, in die du dich kuschelst, die erfrischende Brise an einem heißen Sommertag. Fühle, wie gut Gott ist.

Wahrscheinlich wissen wir alle, dass Achtsamkeit für all die schönen Dinge im Leben viel verändern kann. Doch so oft sind wir in unserem Alltagshamsterrad gefangen und die schönen Dinge rauschen nur so an uns vorbei. Wir haben keine „Antennen", um die schönen Dinge wahrzunehmen, und verpassen es deshalb auch, dem Geber dieser schönen Dinge Danke zu sagen. Scheinbar ist es eben völlig normal, diese ganzen Dinge zu haben. Sie gehören zum Leben dazu, und irgendwie registrieren wir sie gar nicht mehr. Genau so, wie wir manchmal unser Essen gar nicht mehr bewusst wahrnehmen, und stattdessen einfach hier und da etwas in uns hineinstopfen, ohne wirklich darauf zu achten, was wir eigentlich gerade essen und wie lecker es ist. Noch etwas anderes habe ich festgestellt: Mir fällt es manchmal auch ziemlich leicht, über Dinge nachzudenken, die ich nicht habe. Was mir fehlt. Was nicht cool ist. Aber die schönen Dinge? Die rauschen immer wieder einfach an mir vorbei. Deshalb heißt es immer wieder neu zu lernen, achtsamer zu leben und dadurch dann auch dankbarer zu werden.

SCHMECKE, SEHE, RIECHE, HÖRE
UND FÜHLE, WIE GUT GOTT IST.

Schmecke, sieh, rieche, höre und fühle, wie gut Gott ist. Entscheide dich dafür, Gottes sinnlich wahrnehmbare Freundlichkeit nicht mehr unbeachtet zu lassen, sondern sie bewusst in deinem Alltag zu suchen. In den kleinen und in den großen Dingen. Entscheide dich dazu, immer wieder dein Denken und dein Herz für seine Liebe und Freundlichkeit zu öffnen. Dieses achtsame Leben, das immer wieder zu einem Achtsamkeitsgebet werden kann, ist so wichtig, um Gottes kleine Liebesbeweise im Leben nicht zu verpassen, und auch in schweren Zeiten den Blick für das Gute zu behalten. Gottes Liebe wird dir immer in all den schönen Dingen des Lebens begegnen, wenn du dich bewusst auf die Suche machst. Trainiere diesen Lebens- und Gebetsstil, der dein Herz immer wieder auf Dankbarkeit einstellen wird.

Dein Step:

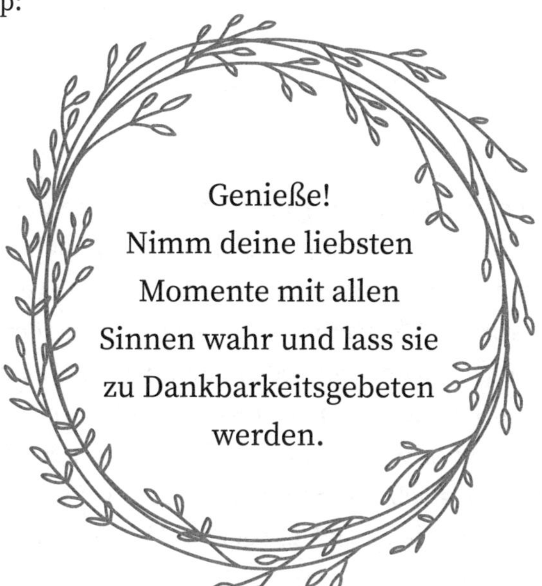

Genieße!
Nimm deine liebsten
Momente mit allen
Sinnen wahr und lass sie
zu Dankbarkeitsgebeten
werden.

kreativ für dich

„Und er sprach zu ihnen: Gehet hin in alle Welt und predigt das Evangelium aller Kreatur.“

Markus 16,15; LU

Das Wort Kreatur gibt es nur ganz wenige Male in der Bibel. Auch wenn es kein Wort ist, das heute noch häufig gebraucht wird, so mag ich es trotzdem sehr. Ich mag es, dass die Wörter Kreatur und Kreativität durch ihren Wortstamm ganz eng miteinander verbunden sind. Jeder Mensch, jedes Tier, jede Pflanze ist eine Kreatur – kreativ erschaffen von einem maximal kreativen Gott. Gott liebt es zu erschaffen, zu kreieren, zu gestalten, zu formen. Er liebt die „grobe Arbeit“, mit der er zunächst einmal die Basis für seine kreative Feinarbeit schaffen kann, aber sein Herz geht auf in der Detailverliebtheit: Wenn er Schmetterlingsflügel in bunte Farben taucht und ihnen die schönsten Muster gibt. Wenn er auf den Rücken von Marienkäfer, feine schwarze Tupfer malt. Wenn er ganz unterschiedliche Blumensorten mit viel Liebe und Einfallsreichtum kreiert. Und besonders, wenn er jeden Menschen mit so vielen einzigartigen liebevollen Details erschafft.

KREATIV ERSCHAFFEN VON EINEM MAXIMAL KREATIVEN GOTT.

Wenn ich über die Kreativität Gottes nachdenke, dann bin ich immer wieder zutiefst ergriffen und überwältigt von seiner unfassbaren Leidenschaft, Fantasie und seinem Geschick. Ich kann es nicht in Worte fassen, welch eine Ehrfurcht mein Herz ergreift, wenn ich über die Schönheit und Größe Gottes nachdenke, die mir die größte Künstlerleinwand der Welt – unsere Erde – offenbart. Gott ist durch und durch liebevoll, kreativ und lebendig. Und all das fließt in seine Schöpfung hinein. All das drückt sich in seinen großen und kleinen Kunstwerken aus. Und da wundert es mich auch nicht, dass seine lebhafte Kreativität auch uns Menschen berührt und durch uns weiterfließen kann. Gott hat in seine Ebenbilder – uns Menschen – ebenfalls die Sehnsucht, etwas zu erschaffen und gestalten, hineingelegt. Das kann sich natürlich ganz unterschiedlich äußern. Bei dem einen sieht man mehr von dieser Kreativität, weil er ihr täglich Raum gibt. Bei dem anderen spielt sie vielleicht eine etwas untergeordnete Rolle. Dennoch glaube ich, dass jeder Mensch etwas schaffen und kreieren will. Und ich glaube, es ist ein gutes Zeichen, wenn Menschen in ihrer Kreativität aufblühen und etwas Neues hervorbringen – denn dann ähneln sie darin ihrem Schöpfer.

GOTT IST DURCH UND DURCH LIEBEVOLL,
KREATIV UND LEBENDIG.

Wenn ich kreativ bin und mit Worten male, dann geht mein Herz auf. Dann bin ich ganz bei mir und ganz bei Gott. Dann fühle ich mich so richtig lebendig und genieße. Dann bin ich in meinem Element, in dem ich aufblühen und leben will. Dennoch bin ich mir bei meinen eigenen künstlerischen „Schöpfungen" sehr bewusst darüber, dass sie erst durch Gottes Atem andere Menschen wirklich tief berühren und beleben können. Ich bin mir bewusst darüber, dass Gott zu dem, was ich selbst kreiert habe, Segen hinzutun kann – ja, dass er die Buchstaben mit seinem Geist füllen kann, sodass etwas im Herzen meiner Leser passiert. Wenn ich mich in der künstlerischen Freiheit bewege, dann weiß ich zutiefst, dass ich gleichzeitig immer auf Gott angewiesen bin; dass er meine Hände und Finger führt; dass er mir Gedanken ins Herz schreibt; dass er mir die Erkenntnis von Großem aufschließt. Ich werde demütige vor dem Gott der Kreativität – meinem Papa im Himmel. Er ist wirklich zutiefst und grenzenlos kreativ. Ich als Mensch habe dagegen nur einen Hauch von Kreativität. Aber Gott macht sich so klein, dass er auch meine kleine Kreativität gebrauchen und durch sie Lebendigkeit versprühen möchte. Was für eine unfassbare Ehre!

Da macht es nur Sinn, immer wieder die richtige Haltung in den kreativen Schaffungsprozessen einzunehmen. Ich kann als Mensch auch allein etwas erschaffen. Aber es wird so viel schöner und größer, wenn ich dabei Gott Raum zum Gestalten gebe. Immer wieder bete ich vor dem Schreiben, dass Gott meine Zeilen mit seinem Geist erfüllen möge, und dass ich Worte aufschreibe, die von ihm geprägt werden. Worte, die von Bedeutung sind, weil er sie mit seinem Geist füllt. Ich sehne mich danach, dass meine Kunst auf Gott zeigt und ihn groß macht. Dass sie ihm die Ehre gibt. Ihm, meinem kreativen Schöpfer, ihm, meinem Gott, ihm, meinem Vater. Ich bin alles, was ich bin, nur durch ihn. Alles, was ich kann, kann ich nur durch ihn.

ICH BIN ALLES, WAS ICH BIN,
NUR DURCH IHN.
ALLES, WAS ICH KANN,
KANN ICH NUR DURCH IHN.

Diese tiefe Verbindung und Angewiesenheit auf Gott will ich ganz besonders in der Kunst bewusst leben – ganz besonders in der Kunst, weil dort immer die Gefahr besteht, dass man in der Kunst nur den eigenen Ideen und Motivationen folgt. Aber das degradiert Kunst auf unser menschliches Können. Wie viel strahlender ist sie, wenn sie zur Freude Gottes gemacht wird, und wenn Gott selbst durch unsere Kunstwerke sichtbar wird?

IN WELCHEN BEREICHEN BIST DU AUF DEINE GANZ EIGENE ART UND WEISE KREATIV?

WO WILLST DU DICH GERNE MAL AUSPROBIEREN?

WIE KANNST DU DEINE KREATIVITÄT FÜR GOTT NUTZEN?

„Ich bin alles, was ich bin,
nur durch ihn.
Alles, was ich kann,
kann ich nur durch ihn.“ – Nelli

kreativ FÜR DICH

du kannst heilen

„Leidet jemand von euch? Dann soll er beten. Und wer Grund zur Dankbarkeit hat, soll dem Herrn Loblieder singen. Ist einer von euch krank? Dann soll er die Ältesten der Gemeinde holen lassen, damit sie für ihn beten und ihn im Namen des Herrn mit Öl salben. Ihr Gebet im Glauben an Gott wird den Kranken aus seiner Not herausholen, und der Herr wird ihn aufrichten. Und wenn er Sünde begangen hat, wird Gott ihm vergeben.“

Jakobus 5,13-15

Das Gebet um Heilung ist ein Gebet, das oft mit sehr vielen Fragen, Gedanken und sogar Ängsten besetzt ist. Was tue ich mit der Situation, wenn Gott nicht eingegriffen hat und meine liebe Freundin tatsächlich an Krebs gestorben ist? Wie prägt das meinen Glauben, wenn Gott anders erhört, als ich es mir von ganzem Herzen gewünscht habe? Wie gehe ich damit um, wenn trotz unglaublich vieler Gebete keine Besserung eintreten will? Gott hat offensichtlich doch sowieso schon seine Entscheidung getroffen – soll ich dann überhaupt noch für Heilung beten? Ist es nicht leichter, zu resignieren und in Leidsituationen einfach loszulassen und Gott machen zu lassen? Ist es nicht irgendwie sogar nachvollziehbar, wenn wir uns irgendwann von ihm abwenden, von diesem Gott, der die Dinge sowieso so anders macht, als ich es mir gewünscht hätte? Wage ich dann wirklich den Schritt und bitte diesen Gott weiterhin um Heilung? Oder bin ich durch mein Leid schon so ausgezehrt und kraftlos, dass ich gar nicht mehr darum beten mag?

Das Gebet um Heilung ist ein extrem sensibles Thema. Da gibt es so viele offene Fragen und Situationen, die wir nicht einordnen können. Da ist zum Beispiel meine kleine Freundin Julia, die mit ihren jungen zehn Jahren trotz unfassbar viel Gebet von Menschen in ganz Deutschland und weit darüber hinaus keine körperliche Heilung erlebt hat und schließlich gestorben ist. Gott, warum? Warum gerade Julia? Warum nimmst du dieses Mädchen, das so viel Liebe zu dir im Herzen trug und ausgestrahlt hat? Sie hätte doch noch so ein großes Zeugnis für dich werden können? Oder da ist mein Bekannter, der an chronischen Rückenschmerzen leidet. Trotz vieler Gebete sind sie geblieben und verändern sich nicht. Waren unsere Gebete und unser Glaube vielleicht zu schwach? Oder will Gott einfach nicht, dass die Schmerzen weggehen? Aber Gott kann doch nicht wollen, dass seine Kinder Schmerzen erleiden müssen, oder doch? Und dann gab es da die Situation mit meinem Beinbruch vor einigen Jahren.

Nach sechs Wochen mit einem Gips hörte ich die ernüchternde Diagnose vom Arzt, dass der Knochen noch nicht ausreichend zusammengewachsen war und ich sehr wahrscheinlich doch noch operiert werden müsste. Nachdem ich nun sechs lange Wochen die konservative Variante mit Gips hinter mir hatte, kam eine OP für mich nicht infrage. Nach sechs Wochen doch noch eine Operation? Das konnte doch beim besten Willen nicht Gottes Weg für mich sein, oder?

Ohne ärztliche Empfehlung (was aus heutiger Sicht und sachlich betrachtet nicht gerade weise war) fuhr ich nach Hause – mit einem Bein, das offensichtlich noch nicht wieder bei Kräften, geschweige denn geheilt war. Doch ich schrie und betete Sturm: „Gott, heile mich!“ In Dauerschleife hörte ich mir das Lied „Privileg zu sein“ von Samuel Harfst an mit den extrem ermutigenden Zeilen: „Und der Herr tut auch heute noch Wunder, Stunde um Stunde, Tag für Tag“. Im Glauben machte ich vorsichtige Schritte und vertrauensvoll betend setzte ich einen Fuß vor den anderen, und fing vorsichtig an, mein Bein zu belasten. Und was soll ich sagen? Nach einiger Zeit – ganz ohne Operation – konnte ich wieder normal laufen. Ich bin sogar einige Jahre später meinen ersten Halbmarathon gelaufen, ohne Schmerzen im Fuß gehabt zu haben. Gott hat mich geheilt und trotz meiner Naivität nicht fallen gelassen. Er ist gut.

WENN ICH SO VIEL GEBETET HABE
UND ES NICHTS GEHOLFEN HAT,
WARUM GLAUBE ICH DANN ÜBERHAUPT
NOCH AN GOTT?

Aber die Frage bleibt: Auf welcher Grundlage entscheidet Gott, ob jemand wieder gesund wird oder nicht? Was sind seine Prinzipien und was ist seine Vision bei den einzelnen Entscheidungen? So viele Menschen, die Leid erlebt haben, beginnen an Gott zu zweifeln: Wenn dieser Gott meine Tochter nicht schützen konnte, wieso sollte ich ihm dann vertrauen? Wenn ich so viel gebetet habe und es hat nichts geholfen, warum glaube ich dann überhaupt noch an ihn? Leiderfahrungen gehen uns ganz tief an die Substanz – an die Substanz unserer Selbst und an die Substanz unseres Glaubens. Wenn man Schmerzen hat, wünscht man sich nichts mehr, als dass die Schmerzen endlich aufhören oder wenigstens gelindert werden. Wenn keine Besserung eintritt oder sogar noch mehr Schmerzen hinzukommen – wie soll man das dann mit seinem Gottesbild von einem „lieben Gott" vereinbaren?

Es ist schwer. Es ist mehr als schwer. Es ist kaum zu schaffen. Und es gibt keine Erklärungen, die wirklich gut sind und helfen. Leid kann ohnehin nicht wegerklärt werden – es ist da und wird erlebt. Dennoch glaube ich zutiefst, dass Gott um Heilung gebeten werden möchte. In Jakobus 5,13+14 heißt es: „Leidet jemand von euch? Dann soll er beten. Und wer Grund zur Dankbarkeit hat, soll dem Herrn Loblieder singen. Ist einer von euch krank? Dann soll er die Ältesten der Gemeinde holen lassen, damit sie für ihn beten und ihn im Namen des Herrn mit Öl salben." Gott will in jedes Leid eingeladen werden, um zu heilen, präsent zu sein und dem Leidenden einfach gutzutun. Ja, Gott will Menschen mitten in ihrem Leid begegnen. Er, der bis aufs Äußerste litt, indem er sich unschuldig für unsere Schuld hingab und ans Kreuz nageln ließ, weiß so gut wie niemand sonst, was wirkliches Leid ist und wie es sich anfühlt. Gott kennt Leid auf so vielen Ebenen.

GANZ EGAL, WIE DIE SACHE AUSGEHT,
DAS GEBET UM HEILUNG IST WERTVOLL.

Unsere Aufgabe ist es, für Heilung zu beten; Gott zu bestürmen und unser ganzes Herz voller Sehnsucht nach Heilung vor ihm auszuschütten. Ganz egal, wie die Sache ausgeht, das Gebet um Heilung ist wertvoll, weil es uns in Gottes Nähe bringt und daran erinnert, wie groß und mächtig er ist. Wir sollen all unsere Gebete für Heilung in den Himmel schicken. Damit haben wir das Unsere getan. Was Gott dann damit anfängt, steht auf einem anderen Blatt. Sein Wille geschehe. Es ist dann seine Entscheidung. Auch wenn es schwerfällt, so sollten wir unserem Gott, der uns grenzenlos liebt, auch in leidvollen Zeiten Vertrauen entgegenbringen. Gott ist gut – allezeit und egal, wie eine Situation verläuft. Unsere Aufgabe bleibt es, voller

Glauben und Vertrauen zu beten. Gott kann Wunder tun. Jederzeit. Ob er es tatsächlich auch in unserer Angelegenheit tun will, das erfahren wir nur, wenn wir beten und ihn um sein Eingreifen bitten. Und unabhängig davon, wie Gott eine Situation schließlich führt, im sehnsuchtsvollen Gebet um Heilung geben wir ihm die Last der Situation ab. Wir selbst können die Person nicht heilen – so sehr wir das auch wollen. Aber wir wissen, dass Gott heilen kann. Und genau darum bitten wir.

gott ist gut.

GANZ EGAL,
WIE DIE SITUATION
VERLÄUFT.

Darüber hinaus finde ich es wichtig, Heilung als etwas Größeres als ausschließlich eine körperliche Genesung zu sehen. In Jesaja 53,5 steht der hoffnungsvolle Satz: „Doch wegen unserer Vergehen wurde er durchbohrt, wegen unserer Übertretungen zerschlagen. Er wurde gestraft, damit wir Frieden haben. Durch seine Wunden wurden wir geheilt!" Durch die durchbohrten Hände unseres Erlösers Jesus sind wir heil geworden – und zu neuen Menschen, die befreit von der Macht der Sünde und des Bösen sind und in Jesus Christus ewiges Leben haben. Diese seelische, ewige Heilung ist so viel essenzieller als die körperliche Heilung. Und diese Heilung sollten wir so viel mehr suchen, feiern und bekannt machen. Sie ist das, was ewig bleibt, und durch kein Leid dieser Welt wieder zerstört werden kann. Gott sei die Ehre!

Dein Step:

gib mir mehr!

„Er war es, der zum Gott Israels betete: ‚Segne mich doch und erweitere mein Gebiet! Sei bei mir in allem, was ich tue, und bewahre mich vor allem Kummer und Schmerz!' Und Gott erfüllte ihm seine Bitte."
1.Chronik 4,10

Das Gebet des Jabez ist herausfordernd. Da betet ein Mann darum, dass Gott sein Gebiet erweitert und ihn vor Gefahren und Schlechtem schützt – und Gott erhört sein Gebet und schenkt ihm genau das, worum er gebeten hat. Hui, krass. Wenn ich so eine Bibelstelle lese, macht mich das schon stutzig. Ich kenne zu viele Situationen aus meinem Leben und dem Leben anderer, in denen Gott eben nicht immer vor Gefahren oder gar vor dem Tod bewahrt hat. Immer wieder erlebe ich, dass Gott eben nicht immer so segnet, wie wir es gerne hätten; dass er uns nicht immer das gibt, was wir uns so sehr wünschen. Die Realität sieht in meinem Leben einfach anders aus als das, was Jabez erlebte. Und ich glaube auch, man darf aus diesem einen Vers auch nicht schließen: Bete, was immer du willst, und Gott wird es dir geben. Und wenn er es nicht tun sollte, dann hast du nicht richtig geglaubt.

DA BETET EIN MANN DARUM, DASS GOTT SEIN GEBIET ERWEITERT UND IHN VOR GEFAHREN UND SCHLECHTEM SCHÜTZT.

Gleichzeitig darf und will ich mich von Jabez inspirieren lassen. Im Vers vor dieser Bibelstelle steht, dass Jabez unter großen Schmerzen geboren worden war. Seine eigene Mutter hatte also erlebt, dass Gott nicht immer vor Schmerz bewahrt.

Das gibt sie ihrem Sohn auch in dessen Namen mit, denn Jabez bedeutet: „Er macht Schmerzen." Jabez war sich der Realität des Leides also bewusst – er wurde schließlich immer wieder daran erinnert, wenn jemand ihn beim Namen rief. Jabez ist in dem Bewusstsein aufgewachsen, dass im Leben auch Schweres geschieht. Und gerade vor diesem Hintergrund fasziniert es mich, wie er sich mit einem offenen Herzen vor Gott hinstellt und ihn im Glauben und Vertrauen bittet: „Segne mich doch und erweitere mein Gebiet! Sei bei mir in allem, was ich tue, und bewahre mich vor allem Kummer und Schmerz!" Der Jabez, für den Schmerz kein Fremdwort ist, traut Gott alles zu. Gott sieht sein Herz und weiß genau, wo er herkommt, und er reagiert auf sein Gebet mit einer Gebetserhörung. Wow, das ist Gnade – und ein wahres Geschenk! Gott ist so gut zu Jabez.

Genauso wie Jabez will und sollte auch ich um den Segen Gottes bitten. Daraus spricht eine demütige Herzenshaltung, mit der ich Gott gegenüber zum Ausdruck bringe, dass ich es alleine nicht gut hinkriege und deshalb nicht auf meine eigenen Fähigkeiten und Leistungen bauen will. Mit dem Gebet des Jabez machen wir deutlich, dass wir im Leben absolut abhängig davon sind, dass Gott uns mit Gutem beschenkt und uns vor Schlechtem schützt. Auch glaube ich fest daran, dass Gott es liebt, uns zu beschenken. Unser Gott ist ein großzügiger Gott. In Maleachi 3,10 (LU) heißt es: „Bringt aber die Zehnten in voller Höhe in mein Vorratshaus, auf dass in meinem Hause Speise sei, und prüft mich hiermit, spricht der Herr Zebaoth, ob ich euch dann nicht des Himmels Fenster auftun werde und Segen herabschütten die Fülle." Wow – Segen in Fülle! Aber Segen, mit dem Gott uns beschenkt, muss nicht immer Geld und materieller Reichtum sein. Es gibt so viele andere weitaus kostbarere „Segenswährungen" – wie zum Beispiel Liebe, Frieden, Vertrauen, Gelingen, Erfolg oder Erkenntnis. Er weiß genau, was wir am nötigsten haben, und wo sein Segensfluss ansetzen sollte. Doch wir bekommen diesen Segen nicht nur für uns selbst. Segen darf weiterfließen. Von Gott zu uns und von uns zu anderen Menschen. Dietrich Bonhoeffer formulierte so schön: „Segen will weitergegeben sein, er geht auf andere Menschen über. Wer gesegnet ist, ist selbst ein Segen." Gott beschenkt uns also, damit wir weitergeben können. Wenn wir um Segen bitten, dann startet Gott einen „Kreislauf des Segens". Wenn wir Segen weitergeben, öffnet Gott wieder seine „Segensfenster" und beschenkt uns.

Wenn wir jedoch anfangen zu hamstern und alles nur für uns selbst nutzen, dann wird aus einem schönen Segensfluss ein modriger Tümpel. Anstatt dass Land und Menschen von dem Segen erfrischt werden, „modert" der Segen vor sich hin. Jesus warnt vor dem „Nie-genug-kriegen-Wollen" in Lukas 12,15 (LU): „Seht zu und hütet euch vor aller Habgier; denn niemand lebt davon, dass er viele Güter hat." Gier darf keinen Platz in unserem Gebet um Segen haben. Wir dürfen um Segen bitten. Den Segen, den wir von Gott bekommen, dürfen wir genießen. Aber niemals sollten wir ihn gierig hamstern. Immer wieder sollten wir mit einem offenen Herzen dazu bereit sein, durch Gottes Segen auch zum Segen für andere zu werden. Indem wir teilen. Indem wir geben. Der Segen, den Gott uns schenkt, und unser (Weiter-)Geben gehen Hand in Hand. Aber natürlich darf ich Gott auch um die Erfüllung persönlicher Wünsche bitten. Um Heilung auf vielen Ebenen, um Glück und Zufriedenheit, Kinder, Autos, Erfolg, Buchprojekte, Dienstbereiche und so viel mehr. Wir dürfen und sollen um all diese Dinge bitten, aber mit dem Gedanken im Hinterkopf, dass ich alles auch wieder zur Ehre Gottes einsetzen will.

WILL ICH EINFACH »MEHR« HABEN,
DAMIT ICH MEHR HABE? –
MEHR LIKES, MEHR FOLLOWER,
MEHR ERFOLG, MEHR GELD?

Ganz konkret sieht das bei mir so aus, dass ich Gott um bestimmte Dinge bitte, die ich mir sehr wünsche. Ich bitte zum Beispiel um eine größere Reichweite in den sozialen Medien, um mehr Einladungen zu Frauenevents, um weitere Buchprojekte, um mehr Durchschlagskraft in der Jugendarbeit, um viele Jugendliche, die im Glauben wachsen, oder um schöne Reisen mit meinem Mann Christian. Dabei muss ich aber auch immer wieder meine persönliche Motivation hinter meinen Bitten prüfen. Will ich einfach „mehr" haben, damit *ich* mehr habe – mehr Likes, mehr Follower, mehr Erfolg, mehr Geld? Das wäre schade, weil ich mich selbst dadurch in den Fokus rücken würde. Oder wünsche ich mir wirklich am sehnlichsten, dass Gott durch meine Arbeit mehr Menschen erreicht? Dass die Leute mehr *von ihm* erfahren? Dieser „Motivationscheck" ist so wichtig! Sonst macht unser Herz, was es will.

Nachdem ich mich selbst geprüft und für eventuell vorhandene falsche Motivationen um Vergebung gebeten habe, bitte ich Gott um Segen und genieße dann das, was er mir dann schenkt. Genauso wie Jabez um „mehr Land" gebeten hat, darf auch ich es tun. Jabez hat erlebt, dass Gott sein Gebet erhört hat. Wie Gott meine Gebete um „mehr Land" erhören wird, weiß ich nicht. Er ist und bleibt Gott und wird es deshalb genauso erhören, wie er es für richtig hält. Aber ganz unabhängig davon, was er bei mir noch vorhat, sehne ich mich danach, dass Gott durch den Segen, den er mir schenkt, geehrt wird. Ich will seinen Segen teilen und weitergeben – ganz unabhängig davon, ob er groß oder klein ist.

„Er war es, der zum Gott Israels betete: »Segne mich doch und erweitere mein Gebiet! Sei bei mir in allem, was ich tue, und bewahre mich vor allem Kummer und Schmerz!« Und Gott erfüllte ihm seine Bitte."
- 1.Chronik 4,10

gib mir mehr

IN WELCHEN LEBENSBEREICHEN WILLST DU FÜR MEHR LAND ODER EINFLUSS BETEN?

WAS IST DEINE MOTIVATION DABEI?
STIMMT DEINE MOTIVATION MIT GOTTES WERTEN ÜBEREIN?
WELCHE MOTIVATION WILLST DU JESUS ANS KREUZ BRINGEN?

meine 100 elefanten

„Bittet, und ihr werdet erhalten.
Sucht, und ihr werdet finden.
Klopft an, und die Tür wird euch geöffnet werden.“
Matthäus 7,7

Wie groß ist mein Gott? Meine Gebete zeigen, wie ich über diese Frage denke. Mein Eindruck ist, dass wir von Gott oft nur das erwarten, was wir glauben, von ihm erwarten zu *können*. Oft ist das leider nur sehr wenig. Was wir ihm zutrauen, ist eben immer von unseren menschlichen Maßstäben gefärbt. Aber diese Denksperre in unserem Kopf muss unbedingt behoben werden! Sie begrenzt und reduziert unsere Vorstellung von Gott radikal. Wir packen ihn mit unseren begrenzten Vorstellungen in eine viel zu kleine Box, zu der wir oft nur hingehen, wenn wir ein Anliegen oder ein kleines Problem haben. Vielleicht wollen wir schnell wieder gesund werden oder wir hoffen, dass das Wetter schön bleibt für die Feier am nächsten Samstag. Aber Moment – wir haben es doch mit dem großen, lebendigen, ewigen, gewaltigen Gott zu tun! Mit dem Gott, der alles, was wir sehen, erschaffen hat. Mit dem Gott, der uns ein ewiges Leben versprochen hat. Mit dem Gott, dessen Liebe alle Grenzen unseres Lebens überwinden kann. Mit dem Gott, der durch seine Kraft neues Leben erwecken kann. Mit dem Gott, der größer ist als jede Angst, jede Sorge, jede Herrschaft oder böse Macht. Zu diesem Gott, der am Hebel unseres Universums und unserer Zeit sitzt, zu diesem Gott beten wir. Mach doch mal kurz eine Lesepause und versuche, die Dimension der Größe Gottes wirklich zu begreifen. Und dann mache dir klar: Du hast eine Privataudienz beim Herrscher und Schöpfer des gesamten Universums. Unfassbar, oder?

DENN ES GIBT KEIN
„ZU GROSS“ ODER
„ZU UNERREICHBAR“
FÜR DIESEN GROSSEN
GOTT!

Wenn ich mir Gottes Größe bewusst mache, sehe ich meine Gebetsanliegen plötzlich in einem völlig anderen Licht. Also, wenn das so ist, dass ich zu einem Gott spreche, der tatsächlich alles kann und über alles Vollmacht hat, dann darf ich meine Anliegen doch auch entsprechend anpassen, oder? Denn es gibt kein „zu groß" oder „zu unerreichbar" für diesen großen Gott! Aber dieses Denken müssen wir uns erst antrainieren. Oft hängen wir in unserer menschlich begrenzten Vorstellungskraft fest, die von schlechten Erfahrungen und enttäuschten Erwartungen geprägt ist. Lieber nicht zu groß beten, damit man am Ende nicht enttäuscht werden kann. Ich glaube, mit genau dieser Einstellung gehen wir häufig an unsere Gebetsanliegen heran – vielleicht auch nur unbewusst. Aber im Gebet dürfen wir jedes Mal aus dieser Enge hinaustreten, mit einem offenen Herzen Gott anbeten, ihn suchen und ihn um sein Eingreifen in den wirklich komplexen, großen und herausfordernden Angelegenheiten bitten.

Um das zu trainieren, hilft mir meine Liste der „100 Elefanten", also der großen, unmöglich erscheinenden Dinge, sehr. Inspiriert von Adam Stadtmiller habe ich meine eigene „Elefanten-Liste" erstellt mit vielen unterschiedlichen Themenbereichen. Ich bete für unsere Freunde, unseren Jugendkreis, unsere Ehe, unsere Familie, meinen Mann, meine Träume und vieles mehr. In jeder Themenspalte stehen ungefähr zehn konkrete Anliegen. Einige Anliegen davon sind kleine „Elefantenbabies" oder „Elefantenkinder". Also Dinge, die in meinen Augen nicht soooo „schwer zu erfüllen" sind, auch wenn natürlich jede Gebetserhörung ein Wunder bleibt. Aber in jedem Themenbereich stehen auch richtig große Elefanten drin. Träume, bei denen ich einfach nur in die Hände klatschen würde, wenn Gott sie wirklich erfüllen würde. (Innere) Heilung von Menschen, wo sie mir aus menschlicher Sicht unmöglich vorkommt. Bekehrungen von Menschen, die heute noch meilenweit entfernt davon sind, Jesus in ihr Herz zu lassen. Jeden Tag zücke ich meine Liste und bitte Gott darum, dass er sich um diese Anliegen kümmert. Gerade die großen Anliegen, für die es manchmal richtig schwerfällt zu beten, fordern mich heraus, immer und immer wieder an Gottes Größe und Allmacht zu glauben, mein Denken über Gott zu weiten und wirklich alles (Unmögliche) von ihm zu erwarten.

Immer wieder spüre ich aber auch, dass Gott mich selbst dafür einsetzen möchte, dass manche Anliegen erhört werden. Beispielsweise bete ich darum, dass in unserer Kirche ein neuer geistlicher Aufbruch geschieht. Ich bete darum, weil es mir so wichtig ist und ich mich wirklich danach sehne. An verschiedenen Punkten erlebe ich, dass sich etwas tut. Gott öffnet mir die Augen für die Veränderung, die langsam geschieht. Gleichzeitig lädt er mich ein, selbst meinen Teil dazu beizutragen, dass meine Gebete um eine Ausbreitung seines Reiches erhört werden, indem ich meinen Glauben authentisch lebe und somit mein Umfeld prägen darf. Ich bete also für Auf- und Durchbrüche und schaue gleichzeitig, wo Gott mich gebrauchen will. In allem darf ich Gott die Herrschaft überlassen und ihn bitten, dass sein Reich komme und sein Wille geschehe – und dann staunen, was er tut.

Obwohl ich diese Liste erst vor wenigen Wochen erstellt habe und sie seitdem täglich im Gebet zur Hand nehme, hat Gott schon extrem vieles erfüllt. Immer wieder markiere ich Anliegen mit hellem Gelb, weil ich Gottes Eingreifen erfahren habe. Beispielweise war ich schon lange Zeit auf der Suche nach einer Mentorin – einer Frau im Reich Gottes, von der ich noch vieles lernen kann. In den letzten Jahren gab es mehrere Anläufe, aber irgendwie hat sich nie eine verbindliche Mentorenbeziehung daraus entwickelt. Nachdem ich dieses Anliegen auf meine Liste geschrieben und nur wenige Tage dafür gebetet hatte, bekam ich plötzlich den Impuls, eine bestimmte Frau anzufragen, ob sie sich vorstellen könnte, meine Mentorin zu werden. Ich schickte ihr eine E-Mail und betete, dass Gott jetzt alles in die Hand nehmen sollte. Nur einen Tag später bekam ich eine vor Euphorie sprühende Antwort von ihr: „So gern, Nelli." Später erzählte sie mir, dass Gott sie schon vorbereitet und sie schon eine Ahnung hatte, dass ich sie eventuell anfragen würde. Schon vorab hatte sie mit Gott besprochen, dass sie bei einer Anfrage fröhlich „Ja" sagen würde. Wow, ich war so dankbar dafür und weiß, dass Gott diese Beziehung gebrauchen wird, um mich in verschiedenen Lebensbereichen zu prägen.

GOTT WILL SEGNEN. GOTT WILL HEILEN.
GOTT WILL ERMUTIGEN. GOTT WILL STÄRKEN.
GOTT WILL LEITEN. GOTT WILL FÜHREN.
ER WILL.

Gott weiß genau, was wir brauchen. Aber er will darum gebeten werden. Ja, ich glaube, dass es im Himmel ein riesiges Lager gibt. Tausendfach größer als das Lager von Amazon, auf dem unfassbar viele Gebetserhörungen gelagert werden. Wir dürfen Gott um alles bitten und auf seine Liebe vertrauen. Er weiß, welches Lieferdatum gut für uns ist, und manchmal schickt er uns auch etwas anderes, weil es besser für uns ist. Aber – wir dürfen und sollen ihn um alles bitten. Vieles davon wird vermutlich immer noch an derselben Stelle liegen, wenn wir Jesus persönlich sehen, weil wir ihn nie darum gebeten haben. Gott will segnen. Gott will heilen. Gott will ermutigen. Gott will stärken. Gott will leiten. Gott will führen. Er will. Deswegen dürfen und sollen wir ihn mit all unseren Anliegen bestürmen. In Matthäus 7,7 stehen die extrem ermutigenden Verse: „Bittet, so wird euch gegeben; suchet, so werdet ihr finden; klopfet an, so wird euch aufgetan.“

Also – worauf warten wir noch?

meine 100 elefanten

HIER IST PLATZ FÜR DEINE ELEFANTEN.

ich will für
große dinge
beten!

MIT DIR IST alles möglich

WAS SCHEINT FÜR DICH MOMENTAN UNMÖGLICH?

IN WELCHE BOXEN HAST DU GOTT GESTECKT?
WO HAST DU SEINEM HANDELN IN DEINEM KOPF
GRENZEN GESETZT?

ich will glauben,
dass bei dir nichts
unmöglich ist.

wut im bauch

Er trieb mich in die Finsternis
und ließ mich ohne Licht gehen.“
Klagelieder 3,2

Es bewegt mich sehr, wenn ich Menschen erlebe, die großes Leid erfahren haben oder noch mittendrin stecken. Auf einer Jugendfreizeit begegnete mir ein junges Mädchen im Alter von 14 Jahren. Nach dem Frühstück kamen wir ins Gespräch und sie erzählte mir aus ihrem Leben. Obwohl sie so viel jünger war als ich, hatte sie schon unermesslich viel Leid erlebt. Sie hatte mit einer wirklich seltenen Krankheit zu kämpfen, weshalb sie sich jedes Jahr aufs Neue einer Operation unterziehen musste. Außerdem war da ihre komplizierte familiäre Situation, in der es keinen Vater mehr gab, weil er die Familie verlassen hatte. Es gab finanzielle Nöte, aber vor allem auch seelische. Viele offene Fragen, Klagen, Wut, Trauer – all das besetzte ihr Herz. Und ich konnte es absolut nachvollziehen. Ich war sprachlos angesichts der großen Menge an Leid im Leben von so einer jungen Frau. Nach dem intensiven Gespräch mit ihr ging ich erst einmal um die Ecke und fing dann selbst bitterlich an zu weinen. Ich fragte mich: Wie kann es sein, dass das Leid so unglaublich unfair verteilt ist, und dass dieses junge Mädchen auf so vielen Ebenen so viel Schlimmes ertragen muss?

Im Gespräch mit ihr verstummte jeder Rat von meiner Seite. Mir war sehr bewusst, dass alle meine gut gemeinten Ratschläge für ihre schmerzhafte Situation nur ins Leere laufen und nicht wirklich etwas bewirken würden. Das Leid war größer als jeder kluge Spruch, als jeder Gedanke. Schweigen war so viel angemessener, so viel richtiger. Zum Ende des Gesprächs bekam ich einen klaren Gedanken:

All dieses Leid musste adressiert werden – an niemand anderen als an Gott. In dem Herzen dieses Mädchens tobte der Schmerz und schaffte dort viel Unheil; das erfahrene Leid zerstörte dort so viel. Es musste irgendwie raus und an die richtige Adresse gebracht werden. „Wie wäre es, wenn du einen Klagebrief schreibst, und wirklich alles, jede kleine und große Klage einmal auf Papier bringst? Lass nichts aus, schreibe wirklich jede Facette von all diesem schlimmen Leid auf. Und nachdem du das gemacht hast, treffen wir uns noch einmal und beten gemeinsam“, schlug ich ihr deshalb vor. Sie war sehr offen dafür und fing direkt an, ihren persönlichen Klagebrief zu schreiben. Das Leid konnte dadurch in Bahnen gelenkt werden.

EHRLICH, AUTHENTISCH,
OHNE EIN BLATT VOR DEN MUND
ZU NEHMEN.
SIE RICHTETE IHRE KLAGE AN GOTT.

Am nächsten Tag kam sie mit zwei vollen DIN-A4-Seiten Klage zu mir, und wir setzten uns in einem kleinen Raum der Jugendherberge. Dann las sie einfach alles laut vor – ehrlich, authentisch, ohne ein Blatt vor den Mund zu nehmen. Sie richtete ihre Klagen an Gott. Und dann fingen wir einfach an, gemeinsam zu beten und all das Leid an ihn abzugeben. Wir baten Gott darum, dass er sie tröstet, umarmt, schützt und heilt – dass er ihr einfach guttut. Es waren schlichte Worte, die sich nicht wirklich vollmächtig angefühlt haben, aber weil sie im Namen Jesu ausgesprochen wurden, waren sie es dennoch.

Plötzlich erlebte dieses junge Mädchen ein körperlich spürbares Wunder. Sie spürte, wie bildlich gesprochen ein Tornado in ihrem

Herzen aufkam und all die Klagen, all den Schmerz und die Verzweiflung wegfegte, und wie sich ein tiefer Frieden in ihr ausbreitete. Sie zitterte, so ergriffen war sie von Gottes Eingreifen in diesem Moment. Und die offenen Fragen waren plötzlich nicht mehr wichtig, weil Jesus ihr Herz mit seiner Liebe berührt und ihr gezeigt hatte, dass er da ist und sie sich immer auf ihn verlassen kann. Seine Gegenwart war so viel kostbarer als jede konkrete Antwort, die er ihr hätte geben können.

Diese Situation hat mich persönlich tief bewegt und mich gelehrt, dass Gottes Trost mit nichts in der Welt gleichzusetzen ist. Er übersteigt alle noch so gut gemeinten Worte, jeden tollen Rat und jede menschliche Weisheit. Wenn Gott tröstet, dann tröstet er wirklich – ganz tief drin und unglaublich liebevoll. Aber dazu ist es wichtig, dass er in unser Leid eingeladen wird. Dass wir bereit sind, all unseren Schmerz auszusprechen und ihn dann bei Gott loszulassen. Nach dem Gebet und dieser für das Mädchen so unglaublich heftigen Erfahrung, riss sie ihren Klagebrief in viele kleine Stücke und schmiss danach alle in den Papierkorb. Diese schmerzvollen Anklagen wollte sie nicht mehr in ihrem Herzen herumtragen. Und ich bete, dass sie lernt, auch in Zukunft mit ihren aufkommenden Klagen genauso umzugehen.

Bei den Klageliedern der Bibel können wir ebenfalls sehr gut sehen, wie deren Autoren mit ihren leidvollen Erfahrungen umgegangen sind. All das Gift und den Schmerz tief in ihrem Herzen lassen sie heraus und adressieren sie an Gott. Beim Lesen dieser Klagebriefe halte ich hin und wieder die Luft an – was für ein großer Schmerz in diesen Menschen getobt haben muss! Aber wie gut, wenn dieser Schmerz an die Luft kommt und nicht im Herzen bleibt. Mit den Liedern wird er Gott „hingeschleudert“, der damit umgehen kann und Methoden und Ideen hat, um unseren Schmerz zu lindern und eben Trost zu spenden. Auch wir können das heute genauso tun. Die ganz natürliche Reaktion auf heftiges Leid ist es, sich zu verschanzen und womöglich nur noch im Selbstmitleid zu baden. Man stellt sich 1001 Fragen, warum dies und das passiert ist, die ganze Welt – und auch Gott selbst – wird als Gegner oder Feind gesehen, der einem das Glück rauben will.

Da braucht es ganz schön viel Mut und Kraft, die Wut nicht im Herzen rumoren zu lassen, sondern sie bewusst an Gott abzugeben – ja, indem wir ihm vielleicht auch mal einen Brief schreiben und wirklich keine Facette unseres Leides darin auslassen. Oder wir gehen in den Wald, um einmal wirklich richtig laut zu schreien und Gott all die Fragen und Klagen hinzuwerfen. Egal wie, wichtig ist: Die Wut muss raus aus dem Bauch und dem Herzen. Bleibt sie in unserem Inneren, zerstört sie dort nur noch mehr.

wut im bauch?

WELCHE WUT STECKT IN DEINEM BAUCH?
WELCHE WUT WILLST DU GOTT GEBEN?
SCHREIB MAL ALLES AUF, LASS ALLES RAUS.
UND DANN: *lass los!*

„Ehrlich, authentisch, ohne ein Blatt vor dem Mund zu nehmen. Sie richtete ihre Klagen an Gott." - Nelli

Tränen sind okay

„Selig sind, die da Leid tragen;
denn sie sollen getröstet werden."
Matthäus 5,4; LU

Zu jedem Leben gehören auch dunkle Farben, die manchmal das Helle und Schöne überdecken. Erst kürzlich war ich auf der Beerdigung einer lieben kleinen Freundin von mir. Sie ist nur zehn Jahre alt geworden, nachdem sie elf Monate gegen einen Hirntumor gekämpft hatte. Noch nie zuvor habe ich das leise Heranschleichen des Todes so bewusst wahrgenommen wie bei meiner kleinen Freundin. Unfassbar, welch ein Leid ihre Familie durchlebten musste!

Ja, es gibt so viel Leid im Leben, wenn ich an all die zerbrochenen Beziehungen und geplatzten Träume denke, all die kleinen und großen Verlust- und Versagensmomente ... Jeder Mensch erlebt im Laufe seines Lebens genügend Momente, die es wert sind, betrauert, beklagt und beweint zu werden. Tränen sind keine Schande – Weinen ist etwas zutiefst Menschliches. Tränen sind ein Ausdruck dafür, dass wir Schmerz erlebt haben, Abschied nehmen oder dass unser Herz einfach gerade traurig ist.

In der sogenannten Bergpredigt, der längsten Predigt, die uns von Jesus bekannt ist, sagt er: „Selig sind, die da Leid tragen; denn sie sollen getröstet werden" (Matthäus 5,4). Ein Vers, der zunächst viele Fragen aufwirft: Warum sind die Menschen selig oder glücklich, die Leid tragen? Ist das nicht total unlogisch und beinahe grotesk? Nein, denn in den Momenten, in denen ich Leid erlebe, kann ich Gott in besonderer Weise erleben – und seinen übernatürlichen Trost, den ich sonst niemals erfahren hätte. Nur Trauernde können getröstet werden. Und niemand sonst tröstet besser als Gott selbst.

NUR TRAUERNDE KÖNNEN GETRÖSTET WERDEN.

In der Bibel steht: Er fängt jede einzelne unserer Tränen auf, und ist unser Heiler und Tröster (nachzulesen in Psalm 56,9). Schon mitten im Leben – aber erst recht dann, wenn wir unsere Augen hier für immer schließen und in Gottes neuer Welt aufwachen. In Offenbarung 21,4 heißt es: „Er wird alle ihre Tränen abwischen, und es wird keinen Tod und keine Trauer und kein Weinen und keinen Schmerz mehr geben. Denn die erste Welt mit ihrem ganzen Unheil ist für immer vergangen."

Was für eine bewegende Vorstellung, dass Gott selbst einmal jede Träne von meinen Augen abwischen wird. Wow – Gott ist gut! Deswegen: Halte deine Tränen nicht zurück. Lass deine Trauer und deinen Schmerz raus, und lass deine Klagen zu. Gott hält es aus. Und vor allem hält er *dich*.

HALTE DEINE TRÄNEN NICHT ZURÜCK.
LASS DEINE TRAUER UND DEINEN SCHMERZ RAUS.

manchmal braucht
es sogar Tränen
zum wachsen.

Tränen sind okay

HIER IST PLATZ FÜR TRÄNEN.
MANCHMAL MÜSSEN DIE NÄMLICH EINFACH RAUS.
WAS BRINGT DICH GERADE ZUM WEINEN?

aua

DAS TUT WEH

»IN MIR IST SO VIEL SCHMERZ,
SO VIEL ENTTÄUSCHUNG, SO VIEL VERLETZUNG.
ICH KANN NICHT VERSTEHEN, WARUM ICH HIER DURCH MUSS.
ABER ICH WEIẞ, DASS DU MEIN HERZ KENNST
UND HEILEN KANNST.«

HIER IST PLATZ FÜR ALLES, WAS DIR IN DEINEM HERZEN GERADE WEHTUT.

ich will dir
alle meine
verletzungen geben.

segenregen

„Vergeltet Böses nicht mit Bösem. Werdet nicht zornig, wenn die Leute unfreundlich über euch reden, sondern wünscht ihnen Gutes und segnet sie. Denn genau das verlangt Gott von euch, und er wird euch dafür segnen!“

1. Petrus 3,9

Aus unserem Leben soll Segen fließen. Das erkennt man auf allen Seiten der Bibel. Gott wünscht sich, dass Menschen, die ihn lieben, mit vollen Händen geben, Gutes tun und einfach segnende Menschen sind. Dass sie ihre Herzen öffnen für Arme, Kranke, Benachteiligte und Leidtragende. Er wünscht sich, dass sie diesen Menschen mit seiner Liebe begegnen, und dass sie durch diese Momente der Gemeinschaft gesegnet werden. Jesus hat uns genau so einen Lebensstil vorgelebt und wir dürfen ihm nacheifern. Wir dürfen mit offenen Augen durchs Leben gehen und Menschen segnen – durch seine Kraft, die durch uns hindurch wirkt, wenn wir mit Jesus verbunden sind. Ein Segen kann dabei ganz unterschiedlich „verpackt“ sein. Es können Worte sein, es kann aber auch Geld oder ein leckerer selbstgebackener Kuchen sein, mit dem wir jemanden segnen. Segnen können wir aber auch im Gebet für andere. Im Grunde bedeutet Segnen, den anderen zu beschenken. Und dafür gibt es unfassbar viele Gelegenheiten.

EIN SEGEN KANN GANZ
UNTERSCHIEDLICH »VERPACKT« SEIN.

Ich liebe Momente, in denen ich die Gelegenheit bekomme, um für einen Menschen zu beten. In der Hoffnung und Erwartung, dass Gott dieser Person mit unermesslich viel Liebe und Gnade begegnet und sie beschenkt, ihre Wege segnet und ihr Leben von Segen überfließen lässt. Diese Momente gibt es hin und wieder in dem Jugendkreis, den mein Mann und ich leiten, wenn wir einen Jugendlichen in einen Missionseinsatz verabschieden, oder wenn jemand in eine andere Stadt zieht. Immer wieder kommt es in Gottesdiensten vor, dass für ein frischgebackenes Ehepaar gebetet wird, ein Kind gesegnet wird, oder jemand in einen neuen Dienstbereich oder sogar eine andere Gemeinde wechselt und dann mit einem Segen verabschiedet wird. Früher habe ich in solchen Momenten zwar zugehört, aber irgendwie dachte ich tief in meinem Herzen, es würde genügen, wenn der Pastor betete. Ich war dabei, hörte aufmerksam mit und wünschte der Person alles Gute. Mittlerweile bin ich mir darüber bewusst, dass ich in solchen Segnungsmomenten auch selbst in meinem Herzen kraftvoll mitbeten kann, während ich dem Gebet des Pastors lausche. Ich darf Gott in diesem Moment ebenfalls von Herzen um Segen für die Person bitten und sie in Gottes Kraft und Liebe segnen. Jedes Gebet zählt und ist relevant für Gott. Gott hört es und er nimmt es ernst. Durch unser Gebet für unseren Nächsten praktizieren wir Nächstenliebe. Außerdem ist es zutiefst erfüllend, für andere um Segen zu bitten.

Na gut, ich gebe es zu: Solange mir die Person sympathisch ist, für die ich bete, macht mir das Gebet große Freude, aber wenn ich die Person nicht mag oder ihr keinen Erfolg wünsche – bete ich dann trotzdem gerne für sie? Schließlich könnte es ja passieren, dass Gott mein Gebet erhört und sie dann tatsächlich segnet und ihr Gutes tut. Da müsste ich erst einmal darüber nachdenken, ob ich wirklich für diese Person beten will oder es doch lieber seinlasse und mich mit meinen Segensgebeten auf meine Sympathie-Menschen beschränke.

Aber weil Gott uns und diese Gedanken schon immer gekannt hat, steht in 1. Petrus 3,9 folgender Vers: „Vergeltet Böses nicht mit Bösem. Werdet nicht zornig, wenn die Leute unfreundlich über euch reden, sondern wünscht ihnen Gutes und segnet sie. Denn genau das verlangt Gott von euch, und er wird euch dafür segnen." Dieser Vers fordert mich ganz schön heraus. Denn – ganz ehrlich – es gibt definitiv Menschen, denen ich ihren Erfolg und reichen Segen nicht gönne. Zu schnell neige ich dazu zu denken: *Okay, Gott, und warum ich nicht?* Zu schnell werde ich neidisch auf diese Menschen und fühle mich benachteiligt, anstatt es einfach mal so stehenzulassen und mich für sie freuen zu können. Kennst du das auch? Vor allem, wenn die Person ohnehin schon so einen krassen Erfolg hat, warum sollte ich dann um noch mehr Segen für sie bitten? Das macht doch alles gar keinen Sinn, oder?!

AUF DEM SEGNEN LIEGT
EIN SEGEN.

Vielleicht tut es das nicht auf den ersten Blick und dennoch – auf dem Segnen liegt ein Segen. Gott sehnt sich danach, dass wir ganz unabhängig davon, was wir haben oder nicht haben, dem anderen so viel Segen wie möglich wünschen. Das macht unser eigenes Herz schön, weil wir bereit sind zu geben, selbst wenn der andere scheinbar schon genug oder zumindest mehr als wir hat. Es ist heilsam und prägt unser Herz, wenn wir uns in diesem „Segenskreislauf" einklinken; wenn wir mit offenem Herzen und offenen Händen geben und segnen und in derselben Haltung erwarten dürfen, dass Gott auch uns segnen wird. Gott wird uns nicht leer ausgehen lassen, wenn wir in diesem Vertrauen andere segnen. Er sieht unser Herz, und er gibt uns immer mehr zurück, als wir je geben können.

Ja, wenn wir von Herzen bereit sind, für einen mächtigen Segensregen für andere zu bitten, dann können wir davon ausgehen, dass Gott uns genauso und noch viel mehr mit Segen versorgen und beschenken wird. Gott ist ein großzügiger und verschwenderisch liebender Gott, der gerne gibt und gerne segnet. Und genau das soll auch unser Leben prägen.

Dein Step:

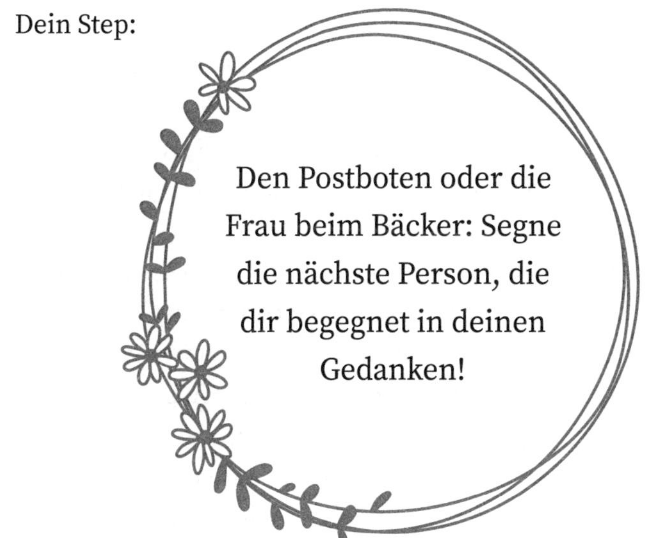

mein platz bei dir

„Kommt alle her zu mir, die ihr müde seid und schwere Lasten tragt, ich will euch Ruhe schenken.“
Matthäus 11,28

Bei Gott ankommen. Zur Ruhe kommen. Allein diese Worte wecken in mir schon eine große Sehnsucht. Das Leben und die Welt sind oft laut, die To-do-Listen lang, die Lasten schwer. Das alles bei Gott hinter sich zu lassen und einfach ruhig bei ihm zu werden – was für ein schöner Gedanke ist das! Das Beste ist, wir haben jederzeit Zutritt zu diesem inneren Ort der Ruhe und des Friedens. Gott wartet rund um die Uhr auf uns, um uns gutzutun, um unsere Seele zu erfrischen, uns einen Krug mit frischem, kühlem Wasser zu reichen und uns innerlich wieder stark zu machen.

Aber wie schaffen wir es, von der lauten Welt in die Stille zu kommen? Wie schaffen wir es, dass all die Gedanken um die 1001 wichtigen Dinge leise werden und wir den Frieden Gottes genießen können? Mir hilft dabei tatsächlich, wenn ich meine Augen schließe und meine Fantasie anknipse. Dann frage ich mich: Wie sieht der Ort aus, an dem ich Jesus gerne treffen möchte? Vielleicht ist es ein kleines Café, vielleicht ein Sandstrand am Meer, vielleicht ein Gipfel in den Bergen, vielleicht ein schönes Plätzchen im Garten. Bei mir wechselt dieser Ort von Zeit zu Zeit. Aktuell treffe ich Jesus sehr gerne in einem wunderschönen wilden Garten. Wenn ich also Ruhe erleben will, aber einfach nicht zur Ruhe komme, trete ich gedanklich in diesen Garten ein. Ich schließe dafür das schwere Holztor auf, höre sein lautes Knarren und gehe dann in diesem wunderschönen wilden Garten spazieren. Ich sehe Beerensträucher, viele wunderschöne Blumen, tolle, große Bäume. Irgendwo dazwischen steht eine Bank. Und dort treffe ich Jesus. Dort fange ich an, mit ihm zu sprechen. Ich erzähle, höre zu, genieße und beginne, die Ruhe einzuatmen. Und den Frieden. Den Blumenduft zu riechen, die Farbpracht mit meinen Augen aufzusaugen. Wunderschön. Und das Beste ist – Jesus ist mit mir.

WIE SCHAFFEN WIR ES,
DASS ALL DIESE GEDANKEN UM
DIE 1001 WICHTIGEN DINGE LEISE WERDEN
UND WIR DEN FRIEDEN GOTTES
GENIEẞEN KÖNNEN?

Da ich ein sehr fantasievoller und kreativer Mensch bin, helfen mir solche Bilder enorm. Ich kann mir jedoch vorstellen, dass eher sachlich-pragmatisch veranlagte Menschen diese Bilder komisch finden, vielleicht sogar fragwürdig. Schließlich lesen wir in der Bibel doch nirgendwo davon, dass man sich einfach einen Ort ausdenken soll, um dort Jesus zu begegnen. Das stimmt natürlich, aber ich bin mir darüber bewusst, dass mir meine Fantasie von Jesus höchstpersönlich geschenkt worden ist. Sie ist ein Geschenk und deshalb darf ich sie nutzen – um etwas zu basteln oder zu erzählen, aber auch, um mir Denkhilfen zu schaffen, um Jesus zu begegnen. Letztendlich spielt es keine Rolle, welche Denkhilfen ich mir baue. Entscheidend ist dabei nur, dass ich mich mit offenem Herzen auf Jesus einlasse und dann erlebe, wie sein Frieden durch meine Seele weht.

Tief in der Stille fühle ich mich getragen von seiner Liebe und seiner Gnade. Ich darf ihm die Schwere meines Lebens geben, um im Gegenzug dafür seine Leichtigkeit zu empfangen. Ich darf erleben, wie große Fragen plötzlich klein werden, wie Stress sich auflöst und Angst verschwindet. Ich darf bei Gott zur Ruhe kommen. Aufatmen. Entspannen. Der Vers, der mich in lauten, turbulenten und einfach stressigen Zeiten meines Lebens immer wieder tief berührt, ist Matthäus 11,28: „Kommt alle her zu mir, die ihr müde seid und schwere Lasten tragt, ich will euch Ruhe schenken."

TIEF IN DER STILLE FÜHLE
ICH MICH GETRAGEN VON SEINER
LIEBE UND SEINER GNADE.

Kommt alle her zu mir, die ihr mühselig und beladen seid; ich will euch erquicken." Wow – was für eine tolle Einladung. Da ist jemand, der mich von meinen Lasten befreien will, bei dem ich einfach sein darf. Wenn man über die Tragweite dieses Verses nachdenkt und realisiert, was für ein Geschenk er ist, dann kann man sich tatsächlich wundern, warum wir dieses Geschenk des Friedens so oft links liegen lassen und an ihm vorbeiflitzen, während wir von einem To-do zum nächsten hetzen. Aber das muss nicht sein. Wir dürfen immer wieder an- und innehalten, um bei Gott zur Ruhe zu kommen.

„Wie schaffen wir es, dass all die Gedanken um die 1001 wichtigen Dinge leise werden und wir den Frieden Gottes genießen können?" – Nelli

WIE SIEHT DER ORT AUS, AN DEM DU ZUR RUHE KOMMEN KANNST?
BESCHREIBE ODER ZEICHNE DIESEN ORT UND TRIFF DICH DORT IN GEDANKEN MIT GOTT.

MEIN PLATZ

bei dir

mit allem, was ich bin

„Erhebt eure Hände im Heiligtum und lobt den Herrn!“
Psalm 134,2

Manchmal habe ich den Eindruck, dass wir verlernt haben, Gott ganzheitlich zu begegnen. Vieles spielt sich entweder im Kopf oder im Herzen ab. Mit Kopf und Herz wird Gott geehrt, ihm Lob gebracht, gesegnet und um Vergebung gebeten. Das ist gut und wertvoll, aber oft bleibt es eben bei dieser Innerlichkeit. Für richtige Emotionen gehen wir lieber in den Keller und so stehen wir im Lobpreis unbeweglich vor Gott und preisen ihn nur mit unseren Lippen – und tief in uns verborgenen Gefühlen. Dabei haben wir einen Körper von Gott geschenkt bekommen, mit dem wir unsere (gesungenen) Worte, Gedanken und Gefühle unterstreichen können. Und wenn wir das tun, können wir sogar erleben, wie unsere Worte noch an Kraft gewinnen und wir tatsächlich ganzheitlich Gott begegnen.

Ich empfinde es als authentisch, wenn unser Lob im Herzen auf unseren restlichen Körper übergeht, und wir Gott zum Beispiel fröhlich und hingebungsvoll unsere Arme entgegenstrecken. Es ist authentisch, wenn wir bei niederdrückenden Sorgen im Gebet auf die Knie gehen, und Gott von Herzen um Unterstützung bitten. Mit unserer Körperhaltung unterstreichen wir unsere Worte und können uns auch innerlich noch besser auf die Begegnung mit Gott einlassen. Immer wieder höre ich, dass Menschen das Bedürfnis haben, in der Anbetung zu knien oder zu tanzen, aber sich nicht trauen, weil andere Menschen es sehen könnten. Und ich glaube, je kleiner unsere Menschenfurcht wird, umso freier werden wir, Gott authentisch zu begegnen – und umso tiefer kann unsere Anbetung werden. Gott liebt es, wenn wir frei sind. Frei, um ihm zu begegnen – mit allem, was wir sind.

GOTT LIEBT ES, WENN WIR FREI SIND.
FREI UM IHM ZU BEGEGNEN –
MIT ALLEM, WAS WIR SIND.

Seit einigen Jahren schätze ich es immer mehr, Gott auch durch meine Körperhaltung zu zeigen, wie ernst ich es mit ihm meine. Ich spüre beispielweise im Lobpreis, dass ich viel mehr bei der Sache bin und meine Gedanken viel weniger flüchten können, wenn ich mit meinem Körper dem Inhalt der Lieder ebenfalls Ausdruck verleihe. Ich stehe ganzheitlich vor Gott und kann deshalb nicht mehr so schnell „flüchten“ - irgendwo dorthin, wo meine Sorgen und Ängste lauern. Wenn ich merke, dass sich meine Gedanken auf den Weg machen wollen, gebe ich mit meiner äußeren Haltung meinem Herzen die nötige Kraft, um bei Gott zu bleiben. Ich will die Zeit mit ihm genießen und nirgendwo anders sein. Die körperliche Haltung unterstützt mich dabei.

Wenn der Segen gesprochen wird, öffne ich meine Hände. Natürlich bekomme ich den Segen auch dann, wenn ich meine Hände ganz normal falte oder gar nichts mit ihnen mache, aber mir hilft das bewusste Öffnen meiner Hände, während ich genau hinhöre und den Segen wirklich von ganzem Herzen für mich annehme und wertschätze. Er ist ein Geschenk. Segen ist immer ein Geschenk. Ich darf ihn empfangen und meine körperliche Haltung hilft mir dabei, dieses Geschenk auch wirklich zu fassen.

Auch wenn ich für andere Menschen bete und Gott um Segen für sie bitte, kann ich meine Hände gebrauchen, indem ich sie auflege oder erhebe. Auch hier bin ich mir sicher, dass Gott mein Gebet auch ohne erhobene Arme erhört. Dennoch hilft mir diese Haltung, Worte für die Person zu finden, die ich segnen will, und ihr die Fülle des Himmels zu wünschen. Ich setze mit meinen erhobenen Armen ein sichtbares Zeichen, dass Gott sie mit Segen begleiten und führen möge.

Wenn ich eine schwere Last auf dem Herzen habe oder eine große Sorge, dann habe ich den Eindruck, ich brauche Gott jetzt ganz dringend und muss sofort mit ihm Zeit verbringen. In solchen Momenten überlege ich erst gar nicht, ob ich mich hinknien soll oder nicht. Je stärker der Druck auf dem Herzen ist, desto eher knie ich mich automatisch hin und flehe Gott an, einzugreifen und die Situation zu verändern, und mich zu heilen, zu trösten und zu ermutigen. Meine Haltung prägt mein Gebet, und ich werde mir darüber bewusst, dass Gott jetzt gefragt ist, und ich seine Hilfe und seine spürbare Gegenwart extrem brauche.

WEIL WIR VIEL ZU OFT MIT DEM GEDANKEN BESCHÄFTIGT SIND, WAS WOHL ANDERE MENSCHEN JETZT ÜBER UNS DENKEN WÜRDEN.

Genauso geht es mir auch, wenn ich im Lobpreis anfange zu tanzen. Dann spüre ich die Freude in Jesus noch mal viel stärker und liebe es, ihr so vor seinem Thron Ausdruck zu geben. Ich tanze zu seiner Ehre, zu seiner Freude. Ich fühle mich in diesen Momenten noch mal stärker mit Jesus verbunden und genieße es so sehr, ihn in Freiheit und Freude anzubeten. Es ist ganz natürlich, dass man sich bewegt, wenn man sich freut. Klar – es gibt unterschiedliche Typen und Charaktere, aber ich persönlich glaube, dass wir viel Freiheit, Freude und Entspanntheit verlieren, weil wir zu oft mit dem Gedanken beschäftigt sind, was wohl andere Menschen jetzt über uns denken würden.

Oder es gibt Momente, ich denen ich einfach Gottes Liebe brauche und ganz neu spüren will. Dann lege ich mich gemütlich hin und atme langsam ein und wieder aus. Ganz bewusst. Ich tue das, um ruhig zu werden, seine Liebe zu genießen und sie in mein Herz zu lassen. Ich darf alle Ängste und Unsicherheiten loslassen, weil Gottes unfassbare Liebe all das berührt – und auch mich selbst, ganz egal, was ich gerade über mich denke oder was mich gerade so belastet und stresst.

Mit Sicherheit gibt es noch viele andere körperliche Haltungen, die unsere Gebete unterstreichen können. Da dürfen wir ganz kreativ werden und die Haltungen herausfinden, die uns am besten dabei unterstützen, Gott nicht nur mit unserem Kopf und unserem Herzen zu begegnen, sondern mit unserem ganzen Sein. Ja, lasst uns Gott ganzheitlich begegnen. Ihm gebührt unser ehrliches und authentisches Gebet!

Dein Step:

im zweifelsfall – beten

„Spricht Jesus zu ihm (Thomas):
Weil du mich gesehen hast, darum glaubst du?
Selig sind, die nicht sehen und doch glauben!“

Johannes 20,29; LU

Das Leben ist manchmal ziemlich rau und hart. Da treffen uns Schicksalsschläge, eine Beziehung zerbricht oder wir sind plötzlich mit dem Tod eines lieben Menschen konfrontiert. Oder vielleicht haben wir manchmal auch einfach das Gefühl, alles alleine meistern zu müssen und von Gott weit und breit nichts zu sehen. Wir spüren ihn einfach nicht mehr. Wir fragen uns: Wenn es Gott wirklich gäbe, würde er doch gerade jetzt in dieser Situation meine Hand halten und meinen Rücken stärken, oder? Warum versinke ich in all dem Chaos und weiß einfach nicht, wie ich da rauskommen soll? Manchmal bete ich, aber jedes Gebet klingt irgendwie blechern und Gott scheint überhaupt nicht da zu sein. Und was ist mit all den Menschen, die in Kriegsgebieten sterben, die grausam ermordet werden oder Gewalt und Hass gegenüberstehen? Gott könnte doch eingreifen, warum tut er es dann nicht? All die Fragen münden schließlich in der grundsätzlichen: Gibt es ihn denn überhaupt?

Zeiten, die von Zweifel geprägt sind, sind extrem anstrengend. Sie schütteln einen komplett durch. Man ist enttäuscht von Gott, der gar nicht oder so anders handelt, als man es erwartet hätte. Man ist resigniert, weil irgendwie alles keinen Sinn ergibt. Man ist frustriert, weil man sein Leben doch irgendwie alleine auf die Kette kriegen muss. Warum hat man Gott dann überhaupt so viel Zeit und Raum in seinem Leben gegeben?

Je nachdem welche Erfahrungen sich aneinanderreihen, steht man persönlich vor der Frage: Soll Gott wirklich noch Teil meines Lebens sein? Will ich das noch? Kann ich das noch? Nach all den Dingen, die passiert sind?

GOTT KÖNNTE DOCH EINGREIFEN,
WARUM TUT ER ES DANN NICHT?

Schnell kann es passieren, dass sich der Zweifel zwischen uns und Gott stellt, und uns immer weiter von Gott wegtreiben lässt. Aber das muss nicht sein. Gerade in diesen rauen Zeiten des Zweifelns haben wir Gott unfassbar nötig. Sie sind schwer durchzustehen, aber wir können sie mit Jesus gemeinsam durchstehen. Gerade in diesen Zeiten des Zweifelns, in denen Gott übrigens mit uns mit leidet, weil er unsere große seelische Not kennt, sollten wir mit Gott im Gespräch bleiben, ihn mit Fragen, Klagen und unserem Frust konfrontieren. Er weiß schließlich sowieso, was wir in unserem Herzen tragen.

Der Jünger Thomas muss gar nichts sagen. Jesus weiß von den Zweifeln, mit denen er kämpft und die ihn nicht an die Auferstehung glauben lassen. Ungefragt reicht Jesus Thomas die Hände und sagt zu ihm: „Reiche deinen Finger her und sieh meine Hände, und reiche deine Hand her und lege sie in meine Seite, und sei nicht ungläubig, sondern gläubig“ (Johannes 20,27, LU). Aber er fordert ihn danach auch heraus: „Weil du mich gesehen hast, darum glaubst du? Selig sind, die nicht sehen und doch glauben!“ (Johannes 20,29).

Klar – wir hätten Gott gerne greifbarer. Wir wollen ihn verstehen, sein Handeln nachvollziehen können. Seine Handlungen müssen für uns Sinn ergeben. Sobald wir an unsere menschlichen Grenzen stoßen, weil wir sie eben nicht begreifen, oder plötzlich daran zweifeln, ob es diesen unsichtbaren Gott überhaupt gibt, stellen wir alles infrage. Aber wenn wir uns einen Gott wünschen, den wir ständig angucken könnten, der genau so handelt, wie wir es erwarten, und den wir mit uns herumtragen könnten wie einen Teddybär, dann wäre diese Gott kleiner als wir Menschen und – sorry – auf so einen kleinen Gott kann ich verzichten.

WENN ICH MIR EINEN GOTT WÜNSCHE,
WIE DIE BIBEL IHN MIR VORSTELLT,
DER ALLMÄCHTIG, LIEBEVOLL, GERECHT, HEILIG,
ATEMBERAUBEND UND GROß IST,
DANN MUSS ICH DIE RAUEN ZEITEN
DES ZWEIFELNS IN MEINEN
GLAUBEN INTEGRIEREN.

Wenn ich mir aber einen Gott wünsche, wie die Bibel ihn mir vorstellt, der allmächtig, liebevoll, gerecht, heilig, atemberaubend und groß ist, dann muss ich die rauen Zeiten des Zweifelns in meinem Glauben integrieren. Das ist keine natürliche menschliche Reaktion. Es fällt uns schwer anzunehmen, dass es keine Garantie für ein Leben ohne Leid und Schmerz gibt. Wir haben es nicht in der Hand, wie unser Leben verlaufen wird. Deswegen braucht es das Vertrauen in einen großen Gott, der den Überblick über mein Leben behält, der in mein Leben hineinwirkt und all meine Gebete hört – wenngleich er sie auch nicht immer sofort *er*hört. Es ist und bleibt am Ende eine Entscheidung, Gottes Zusage, alle Tage der Welt bei uns zu sein, Vertrauen zu schenken. Er ist da und er meint es gut mit uns – egal, in welcher Zeit wir gerade stecken. Und es ist auch egal, ob wir etwas für die aktuelle schwierige Situation können oder komplett ahnungslos in sie hineingestolpert sind. Gott meint es gut mit uns.

In einem Eheseminar habe ich gelernt, dass ein Konflikt zwischen Ehepartnern niemals zwischen den beiden stehen sollte. Immer wieder sollte der Konflikt vor einen gestellt werden, damit man ihn sich als Paar Hand in Hand anschauen und ihn dann gemeinsam lösen kann. Genauso ist es auch mit den Zweifeln, die zwischen uns und Gott aufkommen können. Satan kann den Zweifel gebrauchen, um zwischen mich und Gott einen Keil zu treiben. Der Zweifel wird so immer mehr Raum gewinnen und mich immer weiter von Gott wegschieben. Aber es kann auch anders laufen. Ich kann mich auch bewusst dazu entscheiden, dass ich trotz meiner Zweifel an Gottes Hand bleibe und mir den Zweifel im Gespräch mit Gott gemeinsam anschaue. An seiner Hand kann ich mich dann fragen: Ist es vielleicht ein falsches Gottesbild, das die Zweifel in mir nährt? Zum Beispiel, dass Gott nur Liebe und nicht Gerechtigkeit ist? Dass er nur ermutigen und manchmal nicht auch herausfordern will? Dass er mir ein luxuriöses und erfolgreiches Leben schenken muss? Dass Gott immer heilen muss, wenn ich bete, immer geben muss, wenn ich bitte? Dass er immer verfügbar sein muss, wenn ich ihn brauche? Neben unerhörten Gebeten sind falsche Gottesbilder der perfekte Nährboden für Zweifel und es lohnt sich, diesen ehrlich auf die Spur zu kommen. Mit Gott gemeinsam.

im Zweifelsfall BETEN

„Wenn ich mir aber einen Gott wünsche, der allmächtig, liebevoll, gerecht, heilig, atemberaubend und groß ist, dann muss ich die rauen Zeiten des Zweifelns in meinem Glauben integrieren.“ – Nelli

jesus, ich will dir vertrauen, auch wenn ich dich gerade nicht verstehen kann.

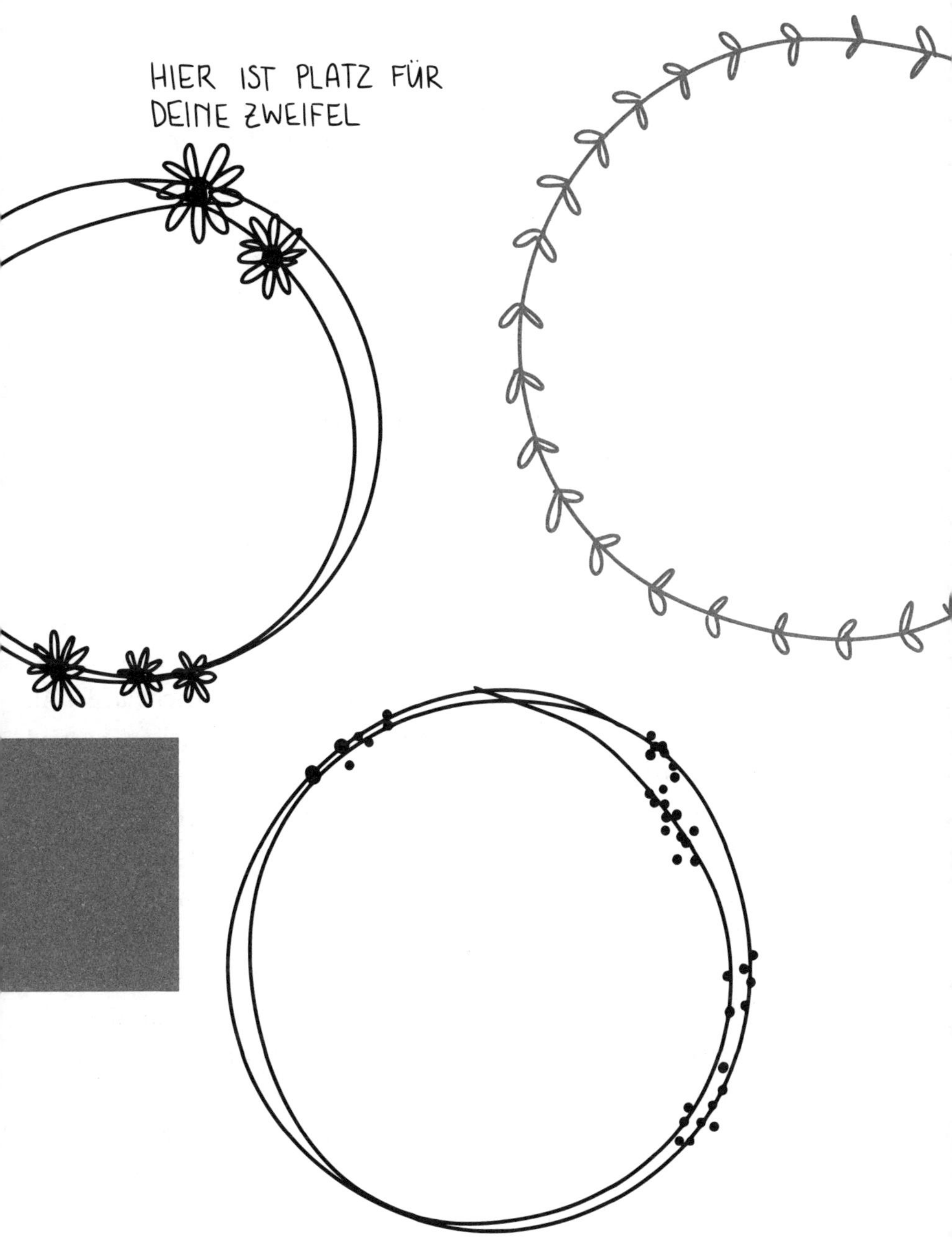
HIER IST PLATZ FÜR
DEINE ZWEIFEL

putztag fürs herz

„Erforsche mich, Gott, und erkenne mein Herz; prüfe mich und erkenne meine Gedanken.“

Psalm 139,23

Staub in der Wohnung ist nicht zu vermeiden, aber ich glaube, viele sauberkeitsliebende Menschen würden alles dafür geben, dass es ihn nicht mehr gibt. Die Partikel in der Luft sind da und setzen sich nun einmal irgendwann ab. Deswegen müssen wir immer und immer wieder staubwischen, und immer und immer wieder putzen. Vermutlich haben viele von uns einen festen Putztag. Das ist gut und wichtig, damit unser Zuhause entsprechend gepflegt bleibt. Es braucht diese wiederkehrende, normale Reinigung.

Damit kann man sich auch irgendwie noch arrangieren, schlimmer sind jedoch die hartnäckigeren Stellen, von denen wir wissen, dass wir eigentlich dringend mal an sie dran müssten. Vielleicht ist der Abfluss immer wieder verstopft und bräuchte endlich mal eine gründliche Reinigung? Oder die Fenster sind schon so dreckig, dass man kaum mehr rausschauen kann? Da müsste man mal richtig die Ärmel hochkrempeln und mit den entsprechenden Putzmitteln fleißig putzen. Es ist so wichtig, auch an diese Bereiche ranzugehen. Wenn wir sie einfach ignorieren, werden sie nicht besser – nur noch schlimmer.

Genauso ist es auch in unserem Leben. Immer wieder setzt sich „Staub“ oder größerer „Dreck“ in unserem Herzen ab. In Matthäus 15,18 stehen die ernüchternden Worte: „Was aber aus dem Mund herauskommt, das kommt aus dem Herzen, und das macht den Menschen unrein. Denn aus dem Herzen kommen böse Gedanken, Mord, Ehebruch, Unzucht, Diebstahl, falsches Zeugnis, Lästerung.“ Hui – ganz schön viel Dreck, der immer wieder durch unsere Taten nach draußen dringen kann.

DENN GOTT ERKENNT SO VIEL MEHR SCHLECHTES IN UNSEREM HERZEN, ALS UNS VIELLEICHT BEWUSST IST.

Aus diesem Grund ist es unfassbar wichtig, regelmäßig mit Gott ins Gespräch zu kommen und immer wieder einen „Putztag“ einzulegen, um sich von ihm das Herz reinigen zu lassen. David macht das mit diesem Satz: „Erforsche mich, Gott, und erkenne mein Herz; prüfe mich und erkenne meine Gedanken“ (Psalm 139,23). Es braucht Mut, so zu beten und so ehrlich und offen zu Gott zu gehen. Denn Gott erkennt so viel mehr Schlechtes in unserem Herzen, als uns vielleicht bewusst ist. Er sieht all den Dreck unter der schönen Oberfläche und die dunklen Flecken ganz tief in uns verborgen. Doch mit diesem Gebet von David laden wir Gott dazu ein, uns auf all diese dunklen, dreckigen Stellen in unserem Herzen aufmerksam zu machen. Um ein reines Herz zu bekommen, ist dieser Weg in Gottes Waschraum wichtig und der einzige mögliche. Jesus ist gestorben und hat dadurch die Macht der Sünde gebrochen. Deswegen kann Jesus auch alles Schlechte aus unserem Herzen nehmen und uns innerlich vollständig reinigen. Ein ehrliches „Erforsche mich, Gott“ ist deshalb so ein wichtiger Schritt hinein in ein Leben, das Jesus die Ehre gibt.

Dein Step:

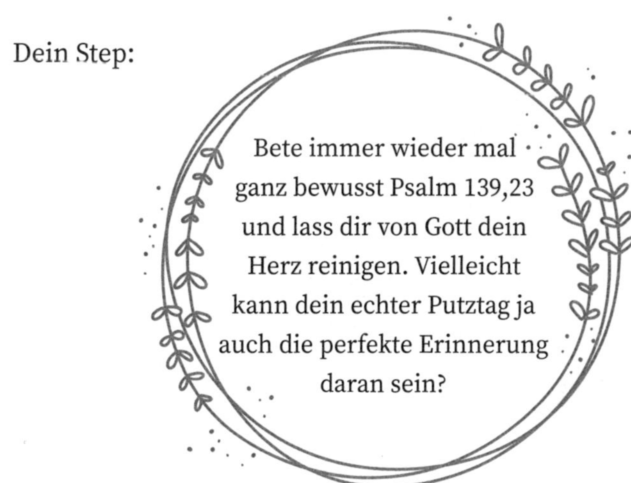

Bete immer wieder mal ganz bewusst Psalm 139,23 und lass dir von Gott dein Herz reinigen. Vielleicht kann dein echter Putztag ja auch die perfekte Erinnerung daran sein?

putztag fürs herz

ICH WILL DIR ALLE SCHLECHTEN GEDANKEN UND GEFÜHLE GEBEN, DIE ICH ÜBER MICH UND ANDERE HABE.

„Erforsche mich,
Gott, und erkenne mein Herz,
prüfe mich und erkenne
meine Gedanken."
– Psalm 139, 23

jesus, vergib mir.
erneuere meine
gedanken und
gefühle.

tut mir leid

DAS HABE ICH IN LETZTER ZEIT FALSCH GEDACHT, GESAGT ODER GETAN:

ICH HABE DIR
VERGEBEN.
– GOTT

ciao schlechte gedanken

WELCHE SCHLECHTEN GEDANKEN FLIEGEN DIR GERADE DURCH DEN KOPF?

WAS KÖNNTE GOTT DAZU DENKEN?

herzensgespräche

„Ich bete darum, dass eure Liebe zueinander noch tiefer wird und dass sie an Erkenntnis und Einsicht zunimmt. Denn ihr sollt imstande sein zu erkennen, worauf es ankommt, damit ihr rein und vorbildlich vor Christus steht, wenn er wiederkommt, und euer Leben reiche Frucht trägt – ihr seid ja gerecht vor Gott. Jesus Christus bewirkt diese Frucht, sodass Gott es ist, der geehrt und gelobt wird."

Philipper 1,9-11

Ich liebe die Verbindung von Seelsorge und Gebet. Früher habe ich Seelsorge viel mehr als Dienst an meinen Nächsten gesehen: Jemand will gerne mit mir sprechen und ich setze mich hin, höre zu und teile meine Gedanken mit. Klar, davor bitte ich Gott, dass er mir die richtigen Worte schenkt, aber dann mache ich mein Ding. So dachte ich früher, doch inzwischen begreife ich mehr und mehr, wie wichtig es ist, Gott auch mitten im Gespräch wirken zu lassen und ihm die Leitung zu überlassen. Er weiß so viel besser als ich, welcher Schritt der nächste sein könnte und wo die entscheidenden Punkte sind.

Diese Woche habe ich mich mit einem Mädchen für ein Seelsorgegespräch getroffen. Ich kannte sie nur flüchtig, sie hatte mir über Instagram geschrieben, ob wir uns nicht mal treffen könnten. Sie hätte nicht allzu viel Zeit, aber wir könnten uns am Bahnhof für eine Stunde zusammensetzen. Wie gut, dass direkt neben dem Bahnhof ein schönes Café ist! Also trafen wir uns dort und kamen schnell ins Gespräch. Ich hatte mich auf das Treffen gefreut, auch wenn ich nicht den Eindruck hatte, dass ich gerade in einer seelsorgerlichen Stimmung war. Ich fühlte mich auch nicht sonderlich friedvoll. Aber viel wichtiger als meine Bereitschaft war, dass Gott bereit war. Und das ist er immer. Er ist immer bereit, in einem Seelsorgegespräch mitten unter uns zu sein, Eindrücke zu schenken und Wegweisung zu geben.

SO NAHM ICH MIR ZEIT, UM
IN DER STILLE UND RUHE
VOR GOTTES THRON ZU TRETEN.

Ich stellte meiner Gesprächspartnerin viele Fragen und ließ sie dann einfach erzählen und mir ihre Gedanken mitteilen. Ohne ihr großartig Tipps oder Ratschläge zu geben, fragte ich sie danach, ob wir gemeinsam beten und Gott in diese Chaos-Situation einladen wollen. So nahm ich mir Zeit, um in der Stille und Ruhe vor Gottes Thron zu treten, und ihn einzuladen, ihn um Frieden zu bitten. Um Klarheit. Weisheit. Mut. Charakterstärke. Immer wieder hörte ich hin, was er in die Situation sprechen wollte und ging diesen Eindrücken nach. Da, wo ich vorher nur Chaos und Durcheinander gesehen und auch keine Idee hatte, welche Schritte dieses Chaos ordnen könnten, erkannte ich plötzlich einen Weg. Gott führte mich durch seinen Geist durch das Gespräch, und ich durfte seine guten Gedanken weitergeben. Im Gespräch hab ich verstanden, dass Gott noch so viel mehr an dem Mädchen interessiert war als ich – und dass er denen nahe ist, die Leid tragen. Also war er auch uns in diesem Moment ganz nahe.

Ja, Gott klinkt sich ein in unsere Herzensgespräche und *er* will es sein, der die Dinge klärt, ordnet und Wahrheit ins Leben unseres

Gegenübers spricht. Und dafür gebraucht er mich und meine Gedanken, wenn ich ihm den Raum dazu gebe.

GOTT KLINKT SICH IN UNSERE HERZENSGESPRÄCHE EIN, UND ER WILL ES SEIN, DER DIE DINGE KLÄRT, ORDNET UND WAHRHEIT INS LEBEN UNSERES GEGENÜBERS SPRICHT.

In Philipper 1,9-11 schreibt Paulus: „Ich bete darum, dass eure Liebe zueinander noch tiefer wird und dass sie an Erkenntnis und Einsicht zunimmt. Denn ihr sollt imstande sein zu erkennen, worauf es ankommt, damit ihr rein und vorbildlich vor Christus steht, wenn er wiederkommt, und euer Leben reiche Frucht trägt – ihr seid ja gerecht vor Gott. Jesus Christus bewirkt diese Frucht, sodass Gott es ist, der geehrt und gelobt wird." Was ich so bemerkenswert an diesen Versen finde, ist, dass Paulus im Gebet dafür eintritt, dass andere Menschen in ihrer Beziehung zu Gott wachsen. Sicherlich hat Paulus auch immer wieder mit Menschen persönlich gesprochen und sie ermutigt, an Gott festzuhalten. Aber er spricht nicht nur mit ihnen über ihre Fragen und Probleme, er betet auch mit ihnen. Paulus ist sich über die Wirkung seines Gebets im Leben anderer Menschen im Klaren und nutzt dieses Geschenk. Er redet seelsorgerlich mit Menschen und gleichzeitig tritt er im Gebet für einen stärkeren Glauben seiner Geschwister in Gottes Familie ein. Das finde ich so wertvoll!

Wenn ich in Seelsorgegesprächen bin, dann wünsche ich mir von ganzem Herzen, dass die Person einen Aha-Moment mit Gott erlebt, ihm wieder ein Stück näherkommt und gute Entscheidungen für ihr

Leben treffen kann. Aber wie viel stärker werden diese Gespräche, wenn ich Gott bewusst in die Herausforderungen dieser Person einlade und ihn bitten sie zu leiten und zu führen; wenn wir nicht direkt die eigenen Gedanken aussprechen, sondern auf die Impulse von Gott warten? Ja, was könnte in all den vielen Seelsorgegesprächen passieren, wenn Gott darin ganz viel Platz bekommen würde, wenn wir selbst weniger reden und ihn mehr reden lassen würden? Was würde passieren, wenn wir in Seelsorgegesprächen nicht auf unsere eigenen Erfahrungen und unser eigenes Wissen bauen würden, sondern viel mehr auf Gott, der liebevoll und souverän wirken möchte und unsere Gesprächspartner so viel mehr im Herzen trägt, als wir es je tun könnten?

Erkenntnisse in Seelsorgegesprächen können Meilensteine im Leben darstellen. Wie schön wäre es, wenn sie auch jedes Mal ein Momentum der Gottesbegegnung wären – ganz egal, ob wir in der Situation Seelsorge geben oder sie selbst in Anspruch nehmen.

Dein Step:

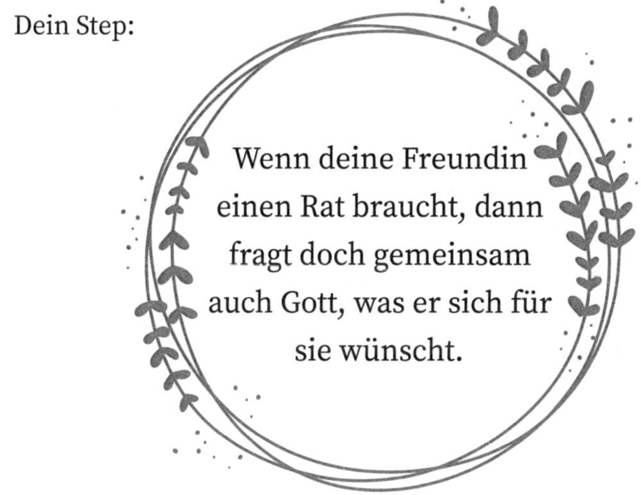

zusammen mit dir

„Denn wo zwei oder drei zusammenkommen, die zu mir gehören, bin ich mitten unter ihnen.“

Matthäus 18,20

Jesus stellt sich immer zu Gruppen, die sich in seinem Namen treffen. Es müssen nicht erst 100 oder 1000 Menschen sein, damit er sich überzeugen lässt, zu einer Gruppe dazuzustoßen. Bei prominenten Bands oder Sängern ist es häufig so, dass sie nur Konzerten zustimmen, die eine bestimmte Größenmarke übersteigen. Und die Anzahl an Menschen, für die es sich „lohnt“ zu kommen, wächst mit ihrem Bekanntheitsgrad. Jesus könnte es sich genauso überlegen, dass er nur zu Gruppen stößt, wenn sie sich zu einem Gottesdienst in der Kirche treffen, oder wenn es mindestens zehn Personen sind. Schließlich sind nach jüdischer Tradition mindestens zehn Männer in einer Synagoge erforderlich, um einen Gottesdienst zu feiern oder auch nur ein öffentliches Gebet abzuhalten.

Doch Jesus legt keinen Wert auf Zahlen – er setzt die Messlatte ganz weit unten an. Er freut sich schon, wenn sich nur zwei oder drei Menschen verbinden, um Zeit mit ihm zu verbringen und zusammen zu beten. Selbst die kleinste Gemeinschaft in seinem Namen wird Jesus in besonderer Weise mit seiner Nähe segnen und die gemeinschaftlichen Gebete noch wirkungsvoller machen. Was für eine Verheißung und was für ein Geschenk! Ich habe den Eindruck, dass er mit diesen Worten seine Nachfolger dazu ermutigen wollte, sich jederzeit in seinem Namen zu treffen und nicht erst auf die große Gruppe zu warten. Ja, wir dürfen im Kleinen anfangen. Wir können uns mit einer Freundin zum Beten zu treffen und uns im Glauben austauschen. Wir können uns als Hauskreis mit fünf Personen treffen, um gemeinsam Schritte im Glauben zu gehen. Wir können als Ehepaar gemeinsam beten. Wir können uns in der Schule mit ein paar Freundinnen in der Pause treffen, um Gott mit Liedern zu loben und gemeinsam zu beten. Wir können eine alte Nachbarin besuchen, um mit ihr zu beten und in der Bibel zu lesen. All das sind kleine Treffen mit einer großen Wirkung. Jesus selbst ist anwesend in all diesen kleinen Zellen. Keine Kopie von ihm, kein Double – nein, er selbst will Teil dieser Gemeinschaft sein. „Denn wo zwei oder drei zusammenkommen, die zu mir gehören, bin ich mitten unter ihnen" (Matthäus 18,20). Ich habe mir darüber Gedanken gemacht, warum Jesus jede kleine Gemeinschaft in seinem Namen so wertschätzt. Warum ist ihm das so wichtig? Dabei musste ich nicht lange überlegen. So oft habe ich selbst schon erlebt, wie gut mir Gemeinschaft mit anderen Gläubigen tut. Alleine sind Glauben und Leben manchmal gar nicht so einfach.

SO OFT HABE ICH SELBST SCHON ERLEBT, WIE GUT MIR GEMEINSCHAFT MIT ANDEREN GLÄUBIGEN TUT.

Probleme und Herausforderungen stellen sich mir in den Weg, die mich herunterdrücken wollen. Aber in Gemeinschaft mit anderen Jesus anzubeten, den Blick von den eigenen Sorgen weg und auf Gott zu richten, füreinander im Gebet einzustehen und Gott durch Lieder zu loben – das hat in mir schon so viel verändert! So viel Hoffnung, so viel neuen Mut konnte ich durch die Gemeinschaft mit anderen Christen schon schöpfen – ganz egal, ob das im Gottesdienst, im ehrlichen Gespräch und anschließenden Gebet mit einer guten Freundin oder im gemeinsamen Gebet mit meinem Mann war. Es tut so unfassbar gut, mit anderen Christen zusammen Gott zu ehren. Ja, tatsächlich helfen mir die Gebetszeiten mit Freunden noch mehr als die Gespräche mit ihnen. So oft reden wir über unsere Probleme und Herausforderungen und gehen dann auseinander, anstatt alles an Gott abzugeben und ihn bewusst einzuladen, sich dieser Dinge anzunehmen. Aber ich übe mich darin, es immer mehr zur Gewohnheit werden zu lassen, nach intensiven Gesprächen – gerade dann, wenn es um schwierige Themen ging – Gott mit ins Boot zu nehmen, und ihm die Lasten vor die Füße zu legen. Er kommt damit so viel besser klar als wir selbst.

Auch hat gemeinsames Gebet so eine große Kraft. Wir beten nicht unser eigenes Anliegen herunter und damit hat es sich erledigt, sondern wir schließen uns den Gebeten der anderen an, und die Hoffnung und die Sorge um ein Anliegen werden so von mehreren Schultern getragen. Man verbündet sich für eine Sache und steht gemeinsam für sie vor Gott ein. Ich habe in solchen intensiven Gebetszeiten mit anderen Menschen den Eindruck, dass der Kampf und der Glaube für eine Sache stärker werden. Man wird zutiefst ermutigt zu glauben, weil es noch andere gibt, die mit einem glauben. Man wird ermutigt, im Gebet für eine Sache zu kämpfen, weil noch andere mit einem an der Kampflinie stehen und nicht aufgeben. Man stärkt sich gegenseitig, weil man Schulter an Schulter für dieselbe Sache einsteht. Intensive, gemeinschaftliche Gebetszeiten – was gibt es Kraftvolleres? Auch diejenigen, denen es gerade schwerfällt zu vertrauen, werden von den anderen aufgefangen und ermutigt. Andere können für uns glauben und beten weiter, wenn wir es selbst gerade nicht mehr können. In anderen Zeiten sieht es dann vielleicht umgekehrt aus und wir tragen jemand anderen im Glauben durch. Dieses gegenseitige Unterstützen ist ein Prinzip geistlicher Gemeinschaft.

Was mich außerdem noch am gemeinsamen Gebet begeistert: Man lernt voneinander. Als ich auf einer Osterfreizeit Leiterin für den Bereich Gebet war, lud ich zu regelmäßigen Gebetszeiten ein, jeden Tag zur selben Zeit. Immer wieder kamen Teilnehmer zum Gebet zusammen und Gott hat diese Zeiten sehr gesegnet – so sehr, dass am letzten Tag die Teilnehmer, die zu Beginn der Freizeit gesagt hatten, dass sie nicht gerne laut in einer Gruppe beten, gar nicht mehr aufhören wollten zu beten. Sobald der eine „Amen" gesagt hatte, schoss der andere auch schon los, um noch ein Gebet an Gott zu schicken. Mich hat diese letzte Gebetsrunde auf der Freizeit sehr ermutigt und gefreut, weil ich wirklich erleben durfte, wie stark der Heilige Geist wirkte. Er war es, der die Veränderung während dieser Woche geschenkt und diese Jugendlichen im Herzen wachgerüttelt hatte. Er war es, der in ihnen eine neue Sehnsucht geweckt hatte, im Gebet vor Gottes Thron zu treten.

Auch ein 14-jähriges Mädchen kam regelmäßig zur Gebetszeit. Sie war jeden Tag da und man spürte ihr ab, dass ihr Gebet sehr auf dem Herzen lag. Was mich wirklich tief berührte, waren ihre Anliegen, die sie regelmäßig einbrachte. Mal war es ihr ein Anliegen, für die Missionare in Papua zu beten, mal für die Missionare in Peru oder in anderen Ländern. Damit offenbarte sie ihre tiefe Liebe für die Mission und vielleicht sogar ihre Berufung, im Gebet für Missionare und Verlorene in anderen Ländern einzustehen. Ich durfte wirklich einiges von ihr lernen. Mir waren als 14-Jährige die Dinge in meinem eigenen Leben so viel wichtiger, als dass ich für Missionare in Peru ins Gebet gegangen wäre.

Im gemeinsamen Gebet lernen wir einander kennen und damit auch, wofür das Herz des anderen schlägt. Man wird berührt, gesegnet und ermutigt. Gemeinsames Gebet ist kraftvoll, stärkt die Beziehung zu den anderen Betern und hilft einem, selbst im Glauben vorwärtszugehen. Eine echte Empfehlung!

Dein Step:

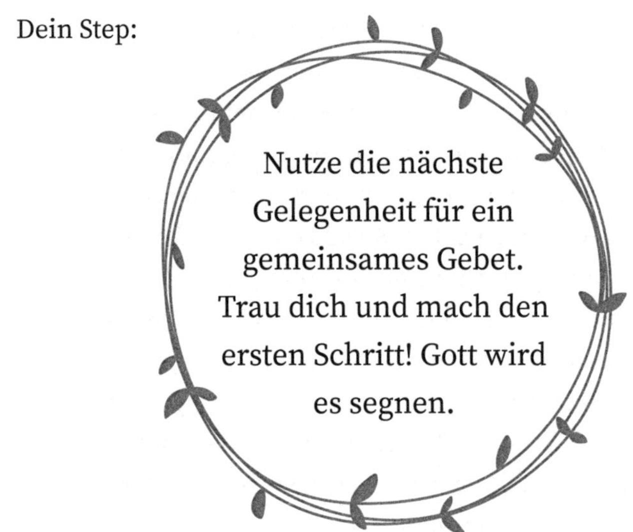

dein reich komme, DEIN WILLE GESCHEHE.

AUF DIESER WELT PASSIERT SO VIEL UND OFT WEIß MAN GAR NICHT, WO MAN ANFANGEN SOLL, SICH ZU INFORMIEREN.

DESWEGEN SUCHE DIR DOCH MAL DREI LÄNDER, REGIERUNGEN, KRIEGE ODER GESELLSCHAFTLICHE MISSTÄNDE RAUS, FÜR DIE DU KONKRET ANFÄNGST ZU BETEN.

„Vor allem anderen fordere ich euch auf, für alle Menschen zu beten. Bittet bei Gott für sie und dankt ihm. So sollt ihr für die Herrschenden und andere Menschen in führender Stellung beten, damit wir in Ruhe und Frieden so leben können, wie es Gott gefällt und anständig ist."
- 1. Timotheus 2,1-2

familien-bande

HIER IST PLATZ FÜR GEBETSANLIEGEN DEINER FAMILIE.
NOTIERE DIR DOCH MAL, WAS DU FÜR JEDEN EINZELNEN, AUCH IN DEINER GROßFAMILIE, BETEN MÖCHTEST.

HIER IST PLATZ FÜR DIE GEBETSANLIEGEN DEINER HERZENSMENSCHEN.

ich will für euch beten. für bewahrung, gesundheit und wunder.

herzens-menschen

kämpferkind

„Denn die Waffen unseres Kampfes sind nicht fleischlich, sondern mächtig im Dienste Gottes, Festungen zu zerstören."

2. Korinther 10,4; LU

Wir stehen permanent in einem geistlichen Kampf. Auf der einen Seite steht Gott, der uns segnen, gebrauchen und für andere zum Segen einsetzen will und auf der anderen Seite der Teufel, der uns listig von unserem Auftrag abhalten will. Der uns immer wieder Lügen ins Ohr flüstert, uns ängstigen und lähmen will. Dieser Kampf ist manchmal nicht so stark spürbar, aber er existiert. Doch vor allem in Zeiten, wenn wir geistlich ganz neu aufbrechen wollen, um Menschen zu stärken, zu ermutigen und sie in Kontakt mit Jesus zu bringen, dann merken wir diesen Kampf und es scheint, als würde sich der Teufel aufbäumen und uns heftiger attackieren als sonst. In meinem Leben habe ich schon ganz verschiedene Situationen erlebt, in denen der Kampf mal heftiger und mal weniger spürbar war.

Sehr präsent ist mir noch eine Situation auf einem Jugend-Camp in Ungarn vor Augen: Ich sollte mit meiner Andacht den Auftakt der Freizeit machen. Es sollte um Petrus gehen, der auf dem Wasser gegangen ist. Eine Andacht, die dazu ermutigen sollte, persönliche Ängste über Bord zu werfen und Jesus vertrauensvoll zu folgen. In der Nacht vor dem Tag, an dem ich die Andacht halten sollte, träumte ich plötzlich furchtbare Dinge: Ich wurde von Dämonen angesprochen und sie wollten mich davon überzeugen, ihnen zu folgen und von Jesus abzulassen. Voller Angst wachte ich auf, aber der Angriff war noch nicht vorbei. Ich hörte ganz nah an meinem Ohr eine hässliche Stimme, die irgendeinen Quatsch säuselte. Es war wie ein nebliges, kaltes Rauschen. Die Stimme war dunkel und machte mir richtig große Angst – wusste ich doch, dass es ein Dämon war, weil alle Mädels im Zimmer ruhig schliefen. Noch immer voller Angst fing ich an, mich laut gegen diese dunklen Mächte zu wehren: „Im Namen Jesu verzieht euch! Ihr habt hier keine Chance. Ich gehöre Jesus." Und sofort wurde alles ruhig. Der Angriff war vorbei. Im Grunde hätte ich dann wieder in Ruhe weiterschlafen können, weil Jesus den Sturm gestillt hatte, aber klar – der Schreck blieb noch ein paar Momente. Also weckte ich eine Mitarbeiterin auf, und wir beteten noch einmal gemeinsam für Schutz und Ruhe in der Nacht. Schon bald schlief ich wieder ein und schlief ruhig durch bis zum nächsten Morgen.

UND SOFORT WURDE ALLES RUHIG.
DER ANGRIFF WAR VORBEI.

In 2. Korinther 10,4 steht: „Denn die Waffen unseres Kampfes sind nicht fleischlich, sondern mächtig im Dienste Gottes, Festungen zu zerstören." Wir sind von Gott ausgerüstet mit Waffen, die wir im Kampf nutzen können, um dämonische Festungen zu zerstören. Das können Momente der Anfechtung sein, in denen wir Dämonen durch die Kraft Jesu besiegen. Das können aber auch Festungen in geistlicher Hinsicht sein, wo Dämonen viel Land besetzt haben und ihr Unwesen treiben. Im Namen Jesu dürfen und sollen wir aufstehen und aufbrechen, um den Kampf zu führen und diese Festungen zu zerstören. Welche Festungen es sind, gegen die wir ganz konkret betend kämpfen sollen, kann Gott uns aufzeigen und aufs Herz legen. Vielleicht ist es Halbherzigkeit in der Nachfolge, vielleicht materialistisches Konsumdenken, vielleicht auch die Menschensklaverei oder aber die Abstumpfung der Menschen durch die Flut der Medien. Ich glaube leider, dass der Teufel in diesen Bereichen schon viel Land eingenommen hat und dort im großen Stil sein Unwesen treibt. Doch wir können ihm Einhalt gebieten und dagegen kämpfen – an der Stelle, die Gott uns aufträgt.

Vielleicht glauben wir, dass wir gegen den Teufel und all seine Dämonen nicht ankommen können. Wir ducken uns und trauen uns nicht, dieser dunklen Macht gegenüberzutreten. Aber eines ist klar: Wir müssen keine Angst haben. Jesus hat durch seinen Tod am Kreuz alle dämonischen Mächte bereits gebrochen und den Teufel ein für alle Mal besiegt. Wir sind sicher in Jesu Hand. Der Teufel hat große Angst vor Jesus, weil er weiß, dass er eigentlich schon längst verloren hat. Wenn wir den Namen Jesus erheben, dann erinnern wir ihn daran und er muss fliehen. Jesus hat den Teufel besiegt, und weil Jesus in uns lebt, können wir uns bei Angriffen des Bösen immer wieder auf diesen Sieg berufen und als Sieger aus dem Kampf hervorgehen.

Lasst uns mutig den guten Kampf führen und alles daransetzen, dass Gottes Reich größer wird, dass sein gutes Reich der Liebe und Gerechtigkeit immer mehr Raum gewinnt und das Dunkle immer mehr zurückgedrängt wird. Werde dir darüber bewusst, dass du unüberwindbar bist, wenn du den Namen Jesu erhebst. Jesus hat den Kampf bereits gewonnen – du darfst auf der Siegerseite kämpfen.

LASST UNS

mutig

DEN GUTEN KAMPF
FÜHREN UND ALLES
DARAN SETZEN,
DASS GOTTES REICH
GRÖSSER WIRD.

EPHESER 6,10-17

10 Werdet stark durch den Herrn und durch die
mächtige Kraft seiner Stärke!
11 Legt die komplette Waffenrüstung Gottes an,
damit ihr allen hinterhältigen Angriffen des Teufels
widerstehen könnt.
12 Denn wir kämpfen nicht gegen Menschen aus
Fleisch und Blut, sondern gegen die bösen Mächte
und Gewalten der unsichtbaren Welt, gegen jene
Mächte der Finsternis, die diese Welt beherrschen,
und gegen die bösen Geister in der Himmelswelt.
13 Bedient euch der ganzen Waffenrüstung Gottes.
Wenn es dann so weit ist, werdet ihr dem Bösen
widerstehen können und noch aufrecht stehen,
wenn ihr den Kampf gewonnen habt.
14 Sorgt dafür, dass ihr fest steht, indem ihr euch
mit dem Gürtel der Wahrheit und dem Panzer der
Gerechtigkeit Gottes umgebt.
15 Eure Füße sollen für die gute Botschaft
eintreten, die den Frieden mit Gott verkündet.
16 Setzt den Glauben als einen Schutzschild ein,
um die feurigen Pfeile des Satans abzuwehren.
17 Setzt den Helm eurer Rettung auf und nehmt das
Wort Gottes, euer Schwert, das der Geist euch gibt.
18 Betet immer und in jeder Situation mit der Kraft
des Heiligen Geistes. Bleibt wachsam und betet
auch beständig für alle, die zu Christus gehören.

DIE WAFFEN-RÜSTUNG GOTTES

DIESE MÄCHTIGEN VERSE DÜRFEN WIR BETEN, WENN WIR IM GLAUBEN KÄMPFEN ODER UNS ANGEFOCHTEN FÜHLEN.
MARKIERE DIR DOCH MAL WICHTIGE WORTE UND SCHREIBE DEINE EIGENEN GEDANKEN DANEBEN.

fokussieren und fasten

„Und ich kehrte mich zu Gott, dem Herrn, um zu beten und zu flehen unter Fasten und in Sack und Asche.“
Daniel 9,3; LU

In der Bibel ist immer wieder vom Fasten die Rede. Aber es geht hier nicht ums Heilfasten, was in unserer Zeit ja große Begeisterung hervorruft bei Menschen, die sich einen gesünderen, schlankeren Körper wünschen und deshalb eine Zeitlang bewusst bestimmte Nahrungsmittel (oder jegliche Nahrung) weglassen. Nein, das Fasten, wovon die Bibel spricht, soll uns nicht in erster Linie Gesundheit schenken. Es geht dabei um etwas ganz anderes. In der Bibel lesen wir oft davon, dass Menschen bewusst komplett auf Nahrung verzichtet und gehungert haben. Wenn Menschen bewusst nichts essen und damit ihrem Grundbedürfnis, sich mit Nahrungsmitteln zu stärken, nicht nachkommen, aber es ihnen nicht ums Abnehmen oder ihre Gesundheit geht, dann muss das schon andere triftige Gründe haben. Aber welche sind es?

In der Bibel lesen wir vom gemeinsamen Fasten größerer Gruppen, aber genauso auch vom Fasten einzelner Menschen. Mose zum Beispiel war 40 Tage in der Gegenwart Gottes auf dem Berg Sinai und verzichtete währenddessen vollständig aufs Essen und Trinken. Hiob fastete, nachdem ihn großes Leid getroffen und er alles verloren hatte. Auch Jesus fastete in der Wüste, wo Satan ihn verführen wollte.

Gemeinsam gefastet hat beispielweise die Gemeinde in Antiochien vor und während der Aussendung von Paulus und Barnabas in den Missionsdienst. Paulus und Barnabas fasteten wiederum während der Einsetzung der Ältesten in den Gemeinden. In Ninive fastete das ganze Volk, nachdem Jona ihnen das Gericht gepredigt hatte.

Fasten kann ganz unterschiedliche Gründe haben, aber immer bringt es zum Ausdruck, dass man ein sehr ernsthaftes und großes Anliegen hat. Die Bewohner von Ninive erkannten, dass sie sich extrem weit von Gott entfernt hatten und fasteten, um Gott ihre Reue zu demonstrieren. Sie zeigten ihm damit, wie stark sie sich nach Vergebung sehnten und wie sehr sie umkehren wollten. Jesus fastete in der Wüste, um sich auf seinen Dienst in der Welt vorzubereiten, um sich zu fokussieren und dann vorbereitet und gestärkt in seine dreijährige Wirkungszeit zu gehen. Dass der Teufel ihn genau in dieser Zeit versuchte, ist kein Zufall. Die Zeit des Fastens ist immer eine Zeit des Kämpfens und Ringens um ein Anliegen. Gerade in der Schwäche, die man durchs Fasten in Kauf nimmt, um geistliche Stärke zu erlangen, ist man sehr angreifbar. Der Körper ruft nach Nahrung, das Dagegenhalten ist ein Kampf, der es uns teilweise ziemlich schwer macht, fokussiert auf unser Anliegen zu bleiben.

DIE ZEIT DES FASTENS IST IMMER
EINE ZEIT DES KÄMPFENS UND RINGENS
UM EIN ANLIEGEN.

Warum Mose auf dem Berg Sinai nichts aß, wird im Bibeltext nicht beschrieben. Aber ich könnte mir vorstellen, dass die Momente in Gottes Gegenwart die schönsten in seinem Leben waren und er diese heiligen Momente hundertprozentig genießen und auskosten wollte. Sicherlich wollte er jedes Wort, das er von Gott hörte, und jeden Augenblick seiner spürbaren Nähe einfach nur aufsaugen und festhalten. Essen hätte ihn nur von seinem Fokus auf Gott abgelenkt und zerstreut. Das Fasten unterstützt dabei, einen starken Fokus auf Gott zu behalten.

Während ich all diese Bibeltexte lese und mir Gedanken darüber mache, was das Fasten mit den Menschen gemacht hat, stelle ich mir die Frage: Warum faste ich heute so gut wie gar nicht? Warum gibt es in meiner Gemeinde nie den Aufruf, für eine Sache gemeinsam zu fasten? Warum gehört Fasten nicht viel selbstverständlicher zu unserer Gottesbeziehung? Oder haben wir keine Anliegen mehr, für die wir bereit sind zu kämpfen, zu beten und eben zu fasten?

Ganz ehrlich – in einer Zeit, in der sich die Zahl der Christen von Jahr zu Jahr reduziert, sind Gebet und Fasten so nötig wie nie zuvor. Jeder einzelne Jesusnachfolger braucht diesen klaren Fokus auf Gott, sonst sind wir die nächsten, deren Glauben keine Kraft mehr hat und in deren Leben „kein Salz mehr für die Welt" ist (nachzulesen in Matthäus 5,13). Immer mehr Gemeinden und Kirchen schließen, weil sie die Kraft verloren haben, weil der Pulsschlag weg ist, weil sich die leidenschaftliche Liebe zu Gott verflüchtigt hat und die Mitglieder fehlen. Wann, wenn nicht in unserer Zeit, ist Fasten das mindeste, was wir tun können?

Aber es ist zu leicht, mit dem Finger auf all die schwächelnden Kirchen zu zeigen. Ich bin Teil der Kirche. Ich selbst bin Kirche. Wie sieht es denn in meinem Leben aus? Bin ich noch Salz für die Welt? Wird in meinem Leben die Essenz vom Reich Gottes noch sichtbar? Bin ich mir darüber bewusst, dass ich eine Botschaft in meinem Herzen trage, die für jeden relevant ist, der Jesus noch nicht kennt? Und tue ich alles dafür, damit diese Leute von ihm erfahren? Wann werde ich mich neu auf meinen Auftrag besinnen? Auch ich brauche immer wieder Erneuerung, einen neuen Fokus auf Jesus, ein neues Zurechtrücken meiner Prioritäten. Warum faste ich also nicht, um

Jesus wieder ganz bewusst in den Mittelpunkt zu stellen? Denn genau dafür ist Fasten gut. Wir können Gott ganz neu auf die Spur zu kommen und ihm intensiv begegnen. Wenn du fasten willst, musst du aber nicht unbedingt auf Essen verzichten. Wir können heute zum Beispiel auch eine Zeitlang mit Social Media fasten oder mit anderen Dingen, die unsere Aufmerksamkeit und Zeit rauben. Wichtig ist, dass wir unseren Fokus dabei auf Jesus rücken. Ich wünsche mir und dir, dass unser Herz niemals „satt und träge" wird, sondern immer hungrig nach Gott bleibt.

WARUM FASTE ICH ALSO NICHT,
UM JESUS WIEDER GANZ BEWUSST
IN DEN MITTELPUNKT ZU STELLEN?

fokussieren & fasten

BIST DU BEREIT, ZU KÄMPFEN UND ZU FASTEN?

WAS BRICHT DEIN HERZ?
FÜR WELCHES THEMA WILLST DU MAL
SO RICHTIG EINSTEHEN?

WELCHER VERZICHT WÜRDE DICH ETWAS KOSTEN?
WELCHER VERZICHT WÜRDE DICH DAZU BRINGEN,
MEHR ZEIT MIT GOTT ZU VERBRINGEN?
HANDY, INSTAGRAM, NETFLIX, SHOPPING ODER ESSEN?

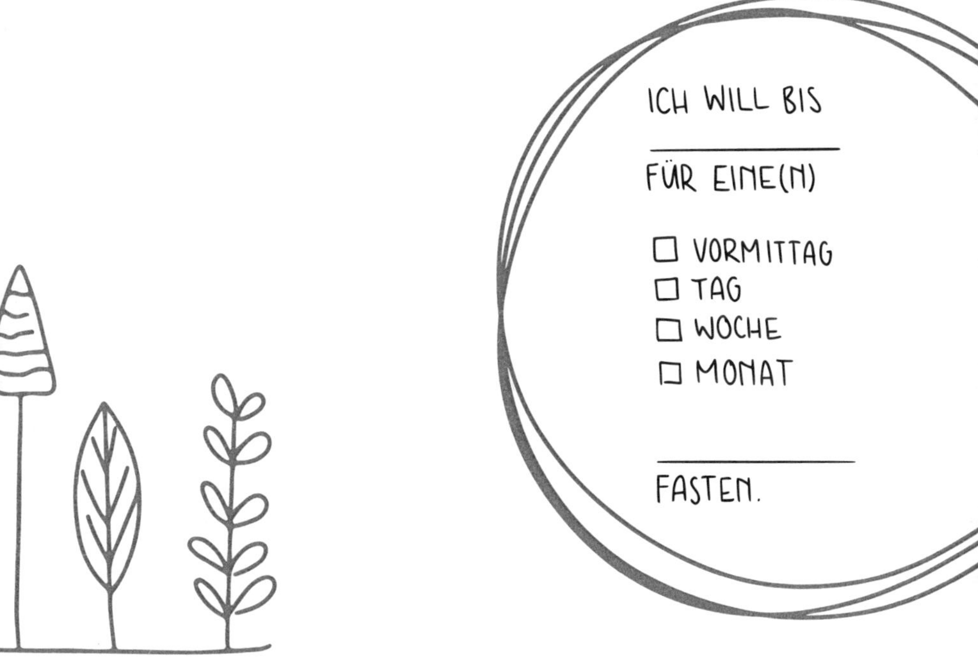

FÜR DANACH:
WIE GING ES DIR DABEI? HAST DU GOTT ERLEBT?

REALITY CHECK

WAS SIND DINGE, DIE DIR SCHNELL ZUM GOTT WERDEN. *

ich will neben dir keine anderen götter haben.

* Dinge, die in deinem Leben eine wichtigere Rolle als Gott haben, und Dinge, von denen du schnell abhängig wirst.

nur du
BIST MEIN GOTT.

du hast gesagt

„Himmel und Erde werden vergehen, doch meine Worte bleiben ewig.“

Matthäus 24,35

Mit der Bibel haben wir einen echten Schatz von Gott in die Hand gedrückt bekommen. Er hätte es sicher auch anders lösen können, dass wir von ihm und seiner großen Heilsgeschichte erfahren, aber ich bin mir sicher, dass Jesus sehr genau wusste, dass wir von Zeit zu Zeit die Dinge einfach Schwarz auf Weiß brauchen. Ja, manchmal müssen wir wirklich noch einmal nachlesen, wer wir in Christus sind, wie unser Leben aussehen soll, und was uns in der Zukunft erwartet. Auch erfahren wir durch die Bibel so viel darüber, wer und wie Gott wirklich ist, welche Charaktermerkmale ihn kennzeichnen und welche Wünsche er für unser Leben hat. In der Bibel finden wir die geballte Inspiration, Wegweisung und Ermutigung für unser Leben. Wir können viele Bücher wegpacken (ja, das sage ich als Autorin), um stattdessen in diesem reichen Fundus an Wahrheit zu graben und für unser Leben zu lernen. Und alles, was wir in der Bibel finden, kann eine Inspiration für unser Gebet sein.

Wenn wir mit Gott sprechen, dann sprechen wir mit demselben Gott, der sich uns durch die Bibel vorstellt. Mit demselben Gott, der Himmel und Erde erschaffen hat, der für Mose das Meer geteilt hat, der Abraham so viele Kinder geschenkt hat, und der seinen Sohn für uns in den Tod gegeben und wieder zum Leben erweckt hat. Mit demselben Gott, der schon immer gehalten hat, was er verspricht. Und all die Verheißungen, Gebote und wertvollen Weisungen, die wir in der Bibel finden, hat derselbe Gott den Menschen kommuniziert, mit dem wir noch heute in unserem persönlichen Gebet kommunizieren. Und jetzt kommt das Erstaunliche: All die Verheißungen, die Gott den Gläubigen damals zugesprochen hat, beziehungsweise die Jesus seinen Jüngern gegeben hat, gelten uns auch heute! Wir haben es mit demselben Gott und denselben Verheißungen zu tun, deshalb dürfen die biblischen Worte auch Teil unseres Gebets werden, vor allem dann, wenn uns selbst gerade die richtigen Worte oder auch der Glaube und die Hoffnung fehlt, dass Gott noch eingreifen wird. Wenn dich ein Vers mit einer Verheißung total herausfordert, weil du die Erfüllung dieser Verheißung in deinem Leben noch nie erlebt hast und du dich bei dem Gedanken erwischst, dass Gott nicht zu seinem Wort steht, dann lies ihm diesen Vers doch mal ganz bewusst vor und gib ihn an ihn zurück. Bitte ihn, sein Versprechen einzuhalten und sein Wort auch in deinem Leben wahr werden zu lassen. Denn, ganz ehrlich, oft haben wir vielleicht viele Fragen an Gott oder sind verärgert, weil er nicht so handelt, wie wir es in der Bibel gelesen haben, und dann beschweren wir uns bei unseren Freunden oder schlucken diesen Ärger oder die Enttäuschung einfach herunter, anstatt Gott mit unseren Fragen zu begegnen und ihn immer wieder an seine Versprechen zu „erinnern", indem wir uns im Gebet auf sie berufen. Wenn du dich zum Beispiel gerade müde und erschöpft fühlst, nimm dir Jesaja 40,29 zur Hand und „erinnere" Gott im Gebet immer wieder an seine eigenen Versprechen: „Gott, du hast gesagt, du willst den Müden neue Kraft geben. Ich preise dich dafür, dass ich dich beim Wort nehmen darf und dass du versprochen hast, dass dein Wort niemals leer zurückkommt. Auch wenn ich jetzt noch nichts davon sehen oder spüren kann."

„Himmel und Erde werden vergehen, doch meine Worte bleiben ewig", steht in Matthäus 24,35. Damit klärt Jesus ein für alle Mal, dass seine Worte keiner Haltbarkeitsdauer unterliegen oder irgendwann an Kraft, Relevanz und Gültigkeit verlieren. Vielleicht ist es bei uns so, dass wir im Leben Dinge sagen, die wir am nächsten Tag schon wieder revidieren und zurücknehmen, doch bei Jesus ist es nicht so. Was er gesagt hat, – das steht fest. Auf seine Worte ist Verlass. Zu hundert Prozent. Wir dürfen ihn deshalb „beim Wort nehmen“ und uns im Gebet deshalb vertrauensvoll auf seine eigenen Worte berufen – denn „sein Wort kommt niemals leer zurück“. In Jesaja 55,11 heißt es: „So ist es auch mit meinem Wort, das aus meinem Mund kommt. Es wird nicht ohne Frucht zurückkommen, sondern es tut, was ich will und richtet aus, wofür ich es gesandt habe.“ Wenn wir also nichts anderes mehr haben, woran wir uns halten können und unser Glaube uns gerade keine Hoffnung mehr gibt, dann dürfen wir Gott bewusst und hartnäckig immer wieder vorhalten: „Du hast aber gesagt, Gott!“ Wir dürfen ihn an seine Zusagen und Worte, die niemals vergehen, erinnern.

DAMIT KLÄRT JESUS EIN FÜR ALLE MAL, DASS SEINE WORTE KEINER HALTBARKEITSDAUER UNTERLIEGEN.

Dein Step:

Such dir eine Bibelstelle aus, die gerade in deine Situation spricht, und gebe sie im Gebet an Gott zurück. Mach sie zu deiner ganz persönlichen Verheißung, indem du deinen Namen einfügst, wie zum Beispiel: „Der Herr wird mir antworten, wenn ich, Nelli, zu ihm rufe." (Psalm 4,4b)

bis etwas passiert

„Ich lasse dich nicht los, bevor du mich gesegnet hast!“
1.Mose 32,27

In der Bibel gibt es einige Beispiele von Menschen, die Gott „am Ärmel gepackt“ haben und ihm so lange mit ihrem Anliegen in den Ohren lagen, bis er sie segnete. Ich denke da vor allem an Jakob, der sogar buchstäblich mit Gott gekämpft hat. Eine unfassbare Geschichte, die du in 1. Mose 32 nachlesen kannst. Jakob ließ Gott nicht los und forderte hartnäckig seinen Segen ein, sein Eingreifen und seine Unterstützung. An einer anderen Stelle lesen wir von der bettelnden Witwe (nachzulesen in Markus 12,42). Tag für Tag ging sie zum Richter und forderte ihr Recht ein. Schickte er sie weg, kam sie am nächsten Tag wieder. Er wurde sie einfach nicht los. So lange kam sie wieder, bis er ihr endlich das Recht gewährt. Oder da gab es noch Hanna (nachzulesen in 1. Samuel 1,5). Sie konnte keine Kinder bekommen und trug dieses Leid lange in ihrem Herzen. Aber anstatt bitter darüber zu werden und sich von Gott abzuwenden, ging sie immer ins Gebet und bat ihn, ihr ein Kind zu schenken. Sie betete geduldig und wartete hartnäckig auf Gottes Eingreifen – bis er ihre Gebete tatsächlich erhörte.

Was mir auffällt: Alle diese Menschen hielten daran fest, dass Gott eingreifen würde. Sie waren nicht bereit, im Beten nachlässig zu werden und ihre Bitten zu reduzieren oder gar ganz einzustellen. Sie warteten und *er*warteten, dass Gott eingreift. Was für eine schöne Haltung vor Gott, diese Geduld aufzubringen und treu zu warten, bis etwas passiert!? Es gibt Armbänder mit den Buchstaben P.U.S.H. darauf, die für „Pray until something happens!“ (auf Deutsch: Bete, bis etwas passiert!) stehen. Die P.U.S.H.-Bewegung meint genau diese ausharrende, dranbleibende Art des Gebets. Bitte höre nicht irgendwann auf zu beten, weil Gott noch nicht gehandelt hat. Bitte zweifle auch nicht daran, ob es Gott gibt. Stattdessen: Bete, bis etwas passiert! „Packe Gott am Ärmel", bis er handelt. Lieg ihm in den Ohren liegen, bis du sein Eingreifen erkennst – oder welchen Weg er mit dir in der konkreten Sache gehen will. Das ist das ausdauernde Gebet, das Gott mag.

Vielleicht erscheint uns diese Gebetsweise für beide Seiten nervenaufreibend und anstrengend. Wir überlegen uns, wie es wäre, wenn unser Kind permanent „Bitte, bitte, bitte" sagen würde. Wir wären genervt, aber irgendwann würden wir wahrscheinlich auch nachgeben und unserem Kind seinen sehnlichsten Wunsch erfüllen.

> ER LIEBT ES, WENN WIR VIEL VON IHM ERWARTEN UND STÄNDIG IN SEINE GEGENWART KOMMEN, UM IHM UNSER ANLIEGEN ZU NENNEN.

Ganz anders ist es bei Gott. Er ist nie genervt von uns, sondern er liebt es, wenn wir viel von ihm erwarten und ständig in seine Gegenwart kommen, um ihm unsere Anliegen zu nennen. Wir ehren Gott damit, wenn wir ihn als unseren Retter, aber eben auch als den Erhörer unseres Gebetes ernstnehmen, und von niemand anderem Hilfe erwarten als von ihm. Ja, wir dürfen unsere Herzensanliegen dick unterstreichen und damit immer und immer wieder vor Gottes Thron treten.

Natürlich werfen all diese Beispiele aus der Bibel auch Fragen auf. Warum hat Gott erst so lange gewartet, bis er gehandelt hat?

Warum braucht es für manche Gebetsanliegen manchmal sogar ein ganzes Leben, bis sie erfüllt werden? Wie tickt Gottes Uhr eigentlich? Darauf gibt es keine klaren Antworten. Fest steht: Gott will mit all unseren dringenden Anliegen bestürmt werden, aber er behält sich vor, wann und ob er sie nach seiner Weisheit erhört. Manchmal wäre eine sofortige Erhörung auch nicht gut für uns. Vielleicht würde unser Vertrauen nicht wachsen und unsere Herzensbeziehung zu Gott nicht gestärkt werden? Vielleicht würde es unseren Glauben nicht trainieren und weiten? Vielleicht würden wir den Wert des Geschenks nicht so schätzen können, wenn wir nicht sehnlich darauf gewartet hätten? Gott weiß sehr gut, was gut für uns ist, und auch zu welchem Zeitpunkt etwas gut für uns ist. Auf seine Weisheit und seinen guten Plan für uns dürfen wir vertrauen.

Gott sehnt sich danach, bei jedem Christen diese durchhaltende, aushaltende und durchaus auch hartnäckige Gebetshaltung zu spüren. Er wünscht sich, dass wir mit unserem Blick fest auf ihn gerichtet sind und auf sein Eingreifen und sein Wiederkommen warten. Irgendwann wird er uns die Erhörung unserer Herzensanliegen schenken. Irgendwann wird er einen Punkt hinter unsere Leidensgeschichte setzen und sein Reich sichtbar werden lassen. Irgendwann ist unser Leben hier zu Ende und wir treten ein in seine neue Welt, die nur noch Freiheit und Freude für uns bereithält. Da wird es kein Sehnen und kein Bitten, kein Warten und kein Leiden mehr geben. Da werden alle unsere Fragen beantwortet und jede Sehnsucht gestillt und in Frieden verwandelt sein. In Lukas 12,36 (LU) heißt es: „Lasst eure Lenden umgürtet sein und eure Lichter brennen und seid gleich den Menschen, die auf ihren Herrn warten, wann er aufbrechen wird von der Hochzeit, auf dass, wenn er kommt und anklopft, sie ihm sogleich auftun."

Also lasst uns beten – unaufhörlich und unaufhaltsam. Bis etwas passiert.

Das beharrliche Warten auf eine Gebetserhörung darf uns auch immer wieder daran erinnern, dass wir auf Gottes neue Welt warten. Es ist eine Parallele, die unseren Glauben stärken kann. Dranbleiben und warten, bis Gott eingreift. Dranbleiben und warten, bis er wiederkommt. Dranbleiben und warten, bis er ein für alle Mal Gerechtigkeit schaffen wird. Dranbleiben und warten, bis wir von Leid und Sorge und ungestillten Sehnsüchten im Herzen für immer erlöst werden. Dranbleiben und warten, bis tiefer Frieden hereinbricht und neues Leben beginnt.

Diese wartende und *er*wartende Haltung prägt unsere Gottesbeziehung auf wunderschöne Art und Weise. Gott sieht unser Herz und unsere Herzensanliegen – und er wird darauf antworten. Also, lasst uns beten – unaufhörlich und unaufhaltsam. Bis etwas passiert.

Dein Step:

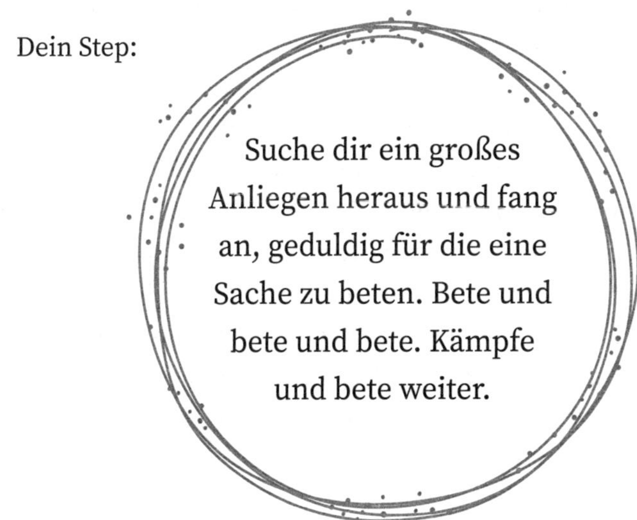

auf die wunderliste, bete – los!

„Ich danke dir, dass du mein Gebet erhört und mich gerettet hast!“
Psalm 118,21

Was mir immer wieder bei uns Christen auffällt, ist: Das Danken steht bei uns oft nicht so hoch oben auf der Agenda wie das Bitten. Beim Bitten kann man ja auch prima ausholen, denn es gibt einfach immer etwas, was einem fehlt oder Situationen, in denen Gott unbedingt ganz schnell eingreifen soll. Ja, und dann greift Gott tatsächlich ein und wir erleben unser persönliches Wunder, doch anstatt innezuhalten, zu staunen, sich angemessen darüber zu freuen und Gott einfach von ganzem Herzen zu danken und für seine Güte, Treue und Liebe zu preisen, machen wir oft einfach weiter mit unserem Alltagsgeschäft. Wenn überhaupt, sagen wir mal kurz: „Danke, Gott, voll cool“, und schwupp – weiter geht die Reise und weiter geht es mit den vielen Bitten. Ganz ehrlich? Ich würde mir an Gottes Stelle echt ausgenutzt und veräppelt vorkommen – auch wenn ich weiß, dass Gott natürlich ganz anders tickt als wir Menschen.

Aber ich stelle mir gerade mal vor, ich hätte eine Tochter, und sie würde sich an dem einen Tag ein Eis wünschen, am anderen Tag einen Lolli, dann mal eine schöne Gute-Nacht-Geschichte oder ein bestimmtes Spiel. Und immer wieder würde ich ihr etwas schenken, was sie gerade uuuuunbedingt haben will und sich soooo sehr wünscht. Ich schenke ihr all diese Dinge, um ihr eine Freude zu bereiten. Um ihr ein fröhliches Lachen oder zumindest ein zufriedenes Lächeln zu entlocken. Jedes Mal, bevor ich ihr mein Geschenk gebe, stelle ich mir schon vor, wie ihre Augen strahlen und wie sie sich vermutlich um meinen Hals werfen und mir einen dicken Kuss auf die Wange drücken wird – oder zumindest ganz aufrichtig und fröhlich „Danke“ sagen wird. Ich wünsche mir, dass sie merkt und spürt, dass ich ihr *gerne* ein Eis schenke, und dass ich es gut mit ihr meine, dass ich sie wirklich liebe und ihr immer wieder genau das schenken möchte, was sie sich wünscht – sofern es ihr guttut und es in dem Moment das Richtige für sie ist. Also hole meiner Tochter eine Kugel von ihrem Lieblingseis in der Waffel – und dann? Dann nimmt sie das Eis, würdigt mich keines Blickes und sagt stattdessen mit dem Mund noch voller Eis: „Mami, jetzt will ich noch Gummibärchen!“, oder aber sie weint sogar, weil sie nicht zwei Kugeln Eis bekommen hat.

Meine Tochter würde völlig unerzogen und undankbar wirken, oder? Wie kann sie meine Geschenke einfach für selbstverständlich nehmen und dann schon wieder das nächste wollen? Aber sind wir ehrlich, oft verhalten wir uns Gott gegenüber nicht anders als meine kleine (ausgedachte) Tochter, oder? Ich will mich deshalb darin üben, dass ich Geschenke von Gott auch als solche wahrnehme und sie bewusst dankbar annehme. Ich will darin unbedingt besser werden, denn ist es nicht toll, wenn dieser große Gott das Gebet eines kleinen Menschen hört und dann sogar mit Gebetserhörung darauf reagiert? Ist das nicht viel mehr, als ich kleine Nelli jemals begreifen könnte? Es übersteigt meinen Verstand. Ich darf wirklich eine tiefe Ehrfurcht davor entwickeln, dass Gott jedes noch so kleine Gebet hört und dann sogar darauf reagiert – auf seine Weise. Wenn es mir beispielsweise auffällt, dass wir im Jugendkreis für eine Sache gebetet haben und Gott uns dann genau das geschenkt hat, worum wir ihn gebeten haben, dann versuche ich, in der Gruppe auf Gottes Geschenk an uns hinzuweisen, damit wir ihm gemeinsam bewusst dafür danken können.

Im Alten Testament lesen wir an vielen Stellen davon, wie Menschen Gott einen Dankaltar bauten und ihm dort Dankopfer bereiteten, oder wie sie ihre Dankopfer in den Tempel brachten. Es gehörte einfach zu ihrem Leben dazu, Gott für die guten Dinge zu preisen und dafür auch keine Mühen zu scheuen. In 3. Mose 7, 13 steht: „Sie sollen aber solche Opfergaben darbringen nebst Kuchen von gesäuertem Brot zu ihrem Lob- und Dankopfer." Wow, sie mussten damals zum Dank und Lob Gottes leckeren Kuchen und Fleisch opfern! Es hat sie damals sogar etwas „gekostet", Gott von Herzen Danke zu sagen. Heute haben wir es da viel leichter. Wir dürfen einfach in einem persönlichen Gespräch „Danke" zu Gott sagen. Ja, manchmal bringen wir unsere Dankbarkeit vielleicht auch durch ein „Opfer" in Form einer Spende oder durch unsere Großzügigkeit auf einem anderen Gebiet zum Ausdruck; aber wir sind frei – es gibt keine konkreten Anforderungen mehr, wie unser Dank auszusehen hat. Aber Gott danken – das sollten wir dennoch. An vielen Stellen werden wir in der Bibel ganz deutlich dazu aufgefordert. So wie beispielweise in 1. Chronik 16,34: „Dankt dem Herrn, denn er ist gut und seine Gnade bleibt ewig bestehen."

Was mir selbst ganz konkret dabei hilft, Gott für die erfüllten Gebete zu danken, ist meine Elefanten-Liste. Auf ihr liste ich, wie vorne beschrieben, alle Anliegen auf, für die ich aktuell beten möchte, und nummeriere und datiere sie durch. Hin und wieder höre ich dann bei einzelnen Menschen nach, für die ich gebetet habe, und erkundige mich, wie der Stand der Dinge ist, ob sich die Situation vielleicht schon geändert hat. Wenn Gott ein Gebet dann tatsächlich erhört oder eine erste Veränderung geschenkt hat, dann trage ich ebenfalls das Datum ein und markiere mir das Anliegen farblich. So darf ich immer wieder erleben, wie Gott meine Anliegen „in Farbe taucht" und mich großzügig mit Gebetserhörungen beschenkt. Das zu erkennen macht mein Herz froh und dankbar. Die erhörten Gebetsanliegen auf meiner Elefantenliste erinnern mich regelmäßig daran, immer wieder für diese kleinen und großen Wunder zu danken – denn jede Gebetserhörung ist ein Wunder. Außerdem motivieren sie mich total, auch weiterhin leidenschaftlich für die anderen Anliegen zu beten.

wunderliste

SCHREIBE AUF, FÜR WAS DU WANN GEBETET HAST, UND REALISIERE WIE GOTT IN DEINEM LEBEN WIRKT.

du tust heute noch wunder

STUNDE UM STUNDE
TAG FÜR TAG

ANLIEGEN	START	WUNDER

alltagsgold

„Alles, was gut und vollkommen ist, wird uns von oben geschenkt, von Gott, der alle Lichter des Himmels erschuf."

Jakobus 1,17a

Gott begegnet uns mitten im Alltag – zwischen Uni, Arbeit, Familie, Freunden, Verpflichtungen und Freizeit. In unserer aktuellen Lebenswirklichkeit sucht er uns und sehnt sich nach uns. Er wünscht sich, dass wir ganz nahe an seinem Herzen leben, arbeiten, entspannen – und einfach *sind*. Alles mit ihm. Immer wieder will er uns begegnen – in all diesen Bereichen, die ineinander fließen und unseren Tag gestalten. Unsere Woche. Unser Leben. Wie kostbar ist es da, rückblickend die „goldenen Fäden" zu erkennen, die Gott in jeden unserer Tage hinein gewebt hat! Wie kostbar ist es, sich der Momente bewusst zu werden, die er uns geschenkt hat – die Momente, wo er uns begegnet ist. Wo er uns gesegnet, herausgefordert, getröstet, befähigt und ermutigt hat. Viele goldene Fäden übersehen wir jedoch, weil wir immer nur nach vorne leben, Häkchen setzen und weitergehen, ohne zwischendurch einmal stehenzubleiben, um Gott für seine Nähe und sein liebevolles Eingreifen Danke zu sagen. Aber all diese goldenen Fäden in unserem Alltag sind es wert, bewusst beachtet und gefeiert zu werden. Es sind die Fäden, die uns im Leben und im Glauben weiterbringen, beschenken und segnen. Begreife, dass Gott jeden Moment deines Lebens dazu nutzen kann, um dir ganz nahe zu sein. Er sehnt sich nach dir und freut sich, wenn du dein Leben bewusst mit ihm teilst. Deswegen kann jeder Moment ein Moment der Gottesbegegnung werden.

VIELE GOLDENE FÄDEN ÜBERSEHEN
WIR JEDOCH, WEIL WIR IMMER NUR
NACH VORNE LEBEN,
HÄKCHEN SETZEN UND WEITERGEHEN.

Aber vielleicht geht es dir manchmal so, dass du den Eindruck hast, Gott im Alltag überhaupt nicht zu erleben. Er scheint dir so fern und weit weg zu sein. Gerade dann ist es hilfreich innezuhalten, um nach ihm Ausschau zu halten. Die Übung des Tagesrückblickes kann dir dabei helfen, Gottes Allgegenwart und seine Segensspuren in deinem Leben zu erkennen. Starte damit direkt auf der nächsten Seite und schreibe auf, welche goldenen Fäden du rückblickend auf den Tag heute in deinem Leben erkennen kannst. Vielleicht reicht der Platz auch gar nicht und du startest direkt ein eigenes „Alltagsgold"-Buch?!

Du wirst erleben: Wenn du diese Übung öfter machst, werden dein Blick und dein Herz wieder ganz neu auf Gott ausgerichtet und dein „Ich sehe Gott im Alltag nicht" wird sich mit der Zeit in ein „Ich sehe Gott überall im Alltag" verwandeln. Dann wirst du all das Leichte und Schwere in direkter Verbindung mit Gott erleben, und nicht erst in der Rückschau seine goldenen Fäden entdecken. Ja, du wirst live erleben, wie wunderbar Gott seine goldenen Fäden zieht! Und es macht so dankbar, ihm „bei der Arbeit" zuzusehen.

„Viele goldene Fäden übersehen wir,
weil wir immer nur nach vorne leben,
Häkchen setzen und weitergehen."
– Nelli

WORÜBER HAST DU DICH HEUTE SO RICHTIG GEFREUT?

WAS HAT DICH HEUTE HERAUSGEFORDERT?

ZU WELCHEM SCHRITT KÖNNTE GOTT DICH IN DIESER SITUATION EINLADEN?

WAS HAT DICH HEUTE ERMUTIGT?

WO KONNTEST DU HEUTE LIEBE UND SEGEN WEITERGEBEN?

WAS HAT DICH HEUTE TRAURIG GEMACHT?

WAS KONNTEST DU HEUTE RICHTIG GENIEßEN?

ICH HABE DICH *erlebt*

ICH GLAUBE, WIR ERLEBEN GOTT MEHR, ALS WIR DENKEN. OFT MERKEN WIR ES WAHRSCHEINLICH GAR NICHT, WEIL WIR SO SCHNELL WEITERLEBEN.
GOTT WIRKT OFT IM GANZ KLEINEN.
HIER IST PLATZ FÜR ERLEBTES:

weil ich auch in
zeiten, in denen
ich mich weit
weg von dir fühle,
nicht vergessen
will, was du
schon getan hast.

„Wenn mich andere nach meinem Glauben fragen, finde ich es cool zu erzählen, wie ich Gott konkret in meinem Leben erlebt habe. Dafür hilft es mir total, die Dinge, die ich erlebt habe, aufzuschreiben." – Mira

all-in für dich

„Dein Reich komme.“
Matthäus 6,10; LU

Unsere Welt mit all den sozialen Kanälen, der Macht- und Erfolgsgier, dem Streben nach mehr Reichweite und Einfluss verführt jeden von uns, sich immer mehr um die eigene Achse zu drehen. Hauptsache, ich gewinne neue Follower, und Hauptsache, ich mache durch meine große Reichweite und meinen öffentlichen Erfolg einen guten Eindruck à la #läuft bei mir.

Auch als Christin bin ich Teil dieser Gesellschaft und damit denselben Einflüssen ausgesetzt. Vielleicht will ich es gar nicht wahrhaben, aber auch ich werde von diesem allgegenwärtigen Trend der Selbstvermarktung beeinflusst. Ohne, dass ich es bemerkt habe, haben sich plötzlich ähnliche Gedanken in mir breitgemacht. Man ist frustriert über die verhältnismäßig kleine Reichweite, über die wenige Öffentlichkeit, den ein oder anderen Misserfolg. Dabei möchte man der Welt doch zeigen, was man draufhat, und wer man eigentlich ist.

WAS HAT DAS FÜR EINEN SINN?
WAS HABE ICH DAVON,
WENN MENSCHEN MICH FEIERN
UND SUPERTOLL FINDEN?

Aber ganz ehrlich, was hat das für einen Sinn? Was habe ich davon, wenn Menschen mich feiern und supertoll finden? Und vor allem, was hat dieser äußere Erfolg und dieses Streben nach einer größeren

Reichweite für einen Sinn, wenn ich Christ bin und doch eigentlich genau weiß, dass mein Leben ein völlig anderes Ziel hat – nämlich Gottes Reich zu bauen und *ihn* großzumachen? Auf ihn zu zeigen und nicht auf mich selbst? Letztendlich gibt es tausend Momente im Leben, in denen ich mich immer wieder entscheiden muss: Jesus oder ich.

Wenn ich wirklich Gottes Reich bauen, Menschen prägen und ermutigen will, dann muss ich meine eigenen Wünsche nach Bewunderung kreuzigen. Dann nehme ich einen neuen Kurs auf und investiere nicht mehr in mein Reich, sondern in sein Reich. Nicht mehr ich, sondern er. Ich kann nicht für Gottes Reich arbeiten und gleichzeitig nur meinen eignen Ruhm im Blick haben. Ich muss eine klare Entscheidung treffen.

WENN ICH WIRKLICH GOTTES REICH BAUEN,
MENSCHEN PRÄGEN UND ERMUTIGEN WILL,
DANN MUSS ICH MEINE EIGENEN WÜNSCHE
NACH BEWUNDERUNG KREUZIGEN.

Und diese Entscheidung muss ich immer wieder in meinem Leben treffen. So oft scheint ein Ego-Trip mit „Nelli auf der großen Bühne" verlockend. Aber ich weiß, dass all das nicht Gottes Traum für mein Leben ist – zumindest nicht, dass *ich* auf großen Bühnen stehen kann. Gottes Idee ist so viel größer, als dass ich bekannt und berühmt werde. Er will Menschen heilen, segnen, ermutigen und zu neuen Wegen herausfordern. Er will Menschen zutiefst verändern und ihnen eine neue Hoffnung geben. Und dafür will er *mich* gebrauchen – ist das nicht crazy?

Wenn ich mich ihm ganz hingebe und bereit bin, mein Leben kompromisslos für ihn zu leben, dann verbreite ich mit meinem Leben einen Duft, der Gott sehr ehrt. Es ist der Duft der wahren Anbetung (nachzulesen in 2. Korinther 2,15). Dann lebe ich, um Jesus großzumachen und die Menschen um mich herum neugierig zu machen und „anzustecken", selbst Gott zu erleben und ihm zu folgen. Ich will, dass mein Leben andere Menschen dazu motiviert, ebenfalls Teil von Gottes Reich zu werden, und mit den eigenen Gaben zu seiner Ehre daran zu bauen. Aber diese Herzenshaltung braucht ganz viel Gebet. Und ganz ehrlich, wenn wir so leben wollen, werden immer wieder Anfechtungen kommen. Die Gesellschaft tendiert so extrem in die entgegengesetzte Richtung, dass es echt Kraft kostet, dagegenzuhalten. Das können wir nur mit Jesu Hilfe schaffen. Aber mit ihm ist diese Herzenshaltung möglich.

Ich hoffe, dass dich „Krea.tief beten" ermutigt hat, dein Leben zur Ehre Gottes zu leben. Alles, was du bist und was dich bewegt, Gott hinzulegen. Und dann zu schauen, was er daraus macht. Gott hat so viel vor mit dir. Lass dich überraschen!

Dein Step:

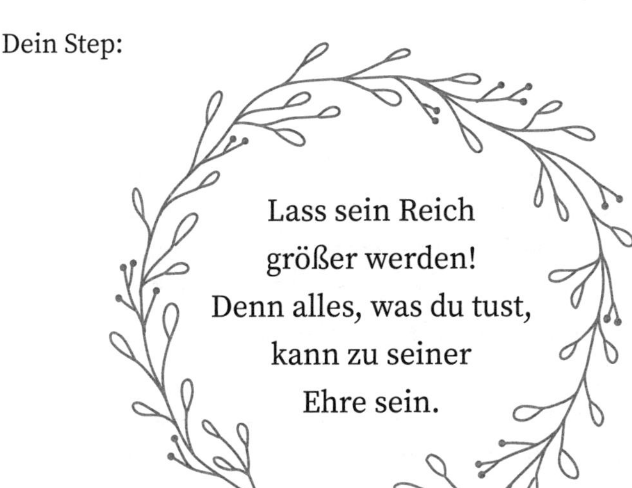
Lass sein Reich
größer werden!
Denn alles, was du tust,
kann zu seiner
Ehre sein.

Danksagungen

Nelli

Jedes Buch ist ein neues Abenteuer. Danke, Mira, dass du dich auf dieses kreative Abenteuer eingelassen hast. Es war mir echt eine Freude! Danke an Désirée, dass wir nun unser zweites Projekt wuppen konnten. Gott hat alles gut gemacht! Danke auch an den besten Verlag, Gerth Medien, für die langjährige, tolle Zusammenarbeit. Ihr seid großartig!

Danke auch an dich, Christian, dass du mir die Freiheit geschenkt hast, als selbstständige Kreative zu arbeiten, dass du an mich glaubst, mich ermutigst, mich liebst und mich hin und wieder auch erträgst. Bin so stolz und dankbar, deine Frau sein zu dürfen. Mit dir als meinem geliebten Weggefährten bin ich auf der Reise, Gott näherzukommen in der Freiheit, im Gebet, in unserer Berufung, im Glauben zu wachsen. Liebling, da geht noch so viel!

Mein Riesendank geht an meinen Papa im Himmel. Du bist es, der alles schenkt, was es für so ein Projekt braucht: die offene Tür, Gaben, Ideen und so viel mehr. Danke! Ohne dich geht nichts!

Mira
Ein großer Dank geht an meine Eltern. Danke, dass ihr mich mit so viel Liebe in den verrücktesten Träumen unterstützt.

Danke an die tollsten Geschwister auf Erden, Luka und Joel, und die besten Freundinnen Sarah, Fini, Lea, Hannah, Paula und Ruth. Ihr seid unglaublich!

Danke fürs Zuhören, Anfeuern, Beten, Träumen, Ehrlichsein und Feedbackgeben. Ohne euch gäbe es dieses Buch nicht.

Danke an Nelli, an Désirée und an das ganze Team von Gerth Medien für die wahnsinnig gute Zusammenarbeit. Danke für eure Geduld.

Aber vor allem: Danke an unseren Gott, der das hier alles möglich macht und der der Ursprung aller Kreativität ist.

6. Auflage 2024
Bestell-Nr. 817629
ISBN 978-3-95734-629-2

Umschlaggestaltung: Mira Weiss
Reinzeichnung Umschlag: Joana Kielhorn
Satz: Grafikbüro Sonnhüter, www.grafikbuero-sonnhueter.de
Druck und Verarbeitung: Finidr
Printed in Czech Republic

www.gerth.de